DIE ETRUSKER

ATLANTIS – ALTE KULTUREN

Mauro Cristofani · Mario Carrieri

DIE ETRUSKER

Geschichte, Glaube, Kultur

Atlantis Verlag
Luzern und Herrsching

Abbildung auf der Titelseite:
Rückwand mit Wahrsagern und Scheintür aus der Tomba degli Auguri, Tarquinia (540–520 v. Chr.).

Mauro Cristofani und der Verlag danken den folgenden Museen und Ämtern für die Fotoerlaubnis und ihre Unterstützung: Stadtverwaltung Grosseto, Piacenza, Rom und Siena; Museum und Bibliothek Guarnacci, Volterra; Vatikanmuseen; Accademia Etrusca, Cortona; Amt für etruskische Archäologie, Florenz; Amt für etruskische Archäologie, Rom; Amt für Archäologie in Umbrien, Perugia.
Mario Carrieri und der Verlag danken den Erben der Familie Torlonia, die freundlicherweise die Aufnahmen der Seiten 82, 85 und 94 zur Verfügung stellten.

Aus dem Italienischen von Vladimir Cinke und Robert Schnieper
Titel der italienischen Originalausgabe:
Etruschi – Cultura e Società
erschienen bei Istituto Geografico De Agostini, Novara
Lektorat: Robert Schnieper
Schutzumschlaggestaltung: Bine Cordes, Weyarn
Zeichnungen und Karten: Studio Russo

ISBN 3-7611-0690-4

Inhalt

Einleitung

Die Altertumswissenschaft betrachtete die Zivilisation der Etrusker lange Zeit als isolierte kulturelle Erscheinung. Der um dieses italische Volk entstandene Mythos – den vielleicht eine falsch informierte populärwissenschaftliche Literatur begründete – betonte noch diese vermeintliche Ausnahmestellung. Die Ergebnisse der modernen Etruskerforschung korrigieren eine ganze Reihe dieser geläufigen Vorstellungen.

Wo kamen die Etrusker her? Wie können wir ihre Sprache verstehen? Die Art, wie man diese Fragen oft anging, verstärkte noch das Bild eines mythischen Volks und reicherte die archäologischen Fakten mit abenteuerlichen Interpretationsversuchen an. Doch es sind Fragen, mit denen sich auch streng wissenschaftlich arbeitende Forscher seit längerem beschäftigen. In Italien war es Massimo Pallottino, der mit seiner berühmten *Etruscologia* in den vierziger Jahren die Forschungsgebiete dieser Disziplin abgrenzte und für jedes spezifische Ziele formulierte. Die Beschreibung und Interpretation

Deckel eines Terrakottasarkophags aus Caere (Cerveteri), um 480 v. Chr. (Museo Archeologico, Cerveteri). Der in heiterer Gelassenheit beim Festmahl ruhende Jüngling verkörpert das Lebensgefühl der von der osthellenischen Welt beeinflußten „aristokratischen" Epoche.

aller über die Etrusker zur Verfügung stehenden Angaben – von literarischen und bildnerischen Zeugnissen bis hin zu archäologischen Funden und Inschriften – haben ein Bild entstehen lassen, das die Kultur der Etrusker im Rahmen der damaligen Struktur der Mittelmeerwelt in einem durchaus neuen Licht zeigt.

Die folgenden Eckdaten bestimmen dieses neue Bild: Vom 8. bis zum 5. Jahrhundert v. Ch. war die etruskische Kultur im wesentlichen ein kontinuierlicher Angleichungsprozeß an von außen kommende Kulturmodelle, insbesondere jene der griechischen Kolonien. Diese hatten im Verlauf des 8. Jahrhunderts mit ihren Stadtstaaten in Süditalien stürmische Veränderungen eingeleitet, vor allem bei den tyrrhenischen Stämmen, die mit den Griechen am häufigsten in Kontakt standen.

Zweifellos war das Modell des Stadtstaats keineswegs starr, sondern kannte die verschiedensten Ausprägungen und Weiterentwicklungen, bis es den großen hellenistischen Königreichen Platz machen mußte. Diesen verschiedenen Ausformungen sind jedoch einige Grundzüge gemeinsam, so etwa in den unterschiedlichen gesellschaftlichen Funktionen der einzelnen Bevölkerungsteile – Priester, Krieger, Bauern und Handwerker – oder in der Entwicklung der Beziehungen und Konflikte zwischen den einzelnen Adelsgruppen.

Zu der Zeit, als der Einfluß der Griechen überwog, das heißt vom 8. bis 5. Jahrhundert v. Chr., unterschied sich die Kultur der Etrusker kaum von jener des benachbarten Latium. Dessen Zentren und auch Rom lehnten sich trotz der unterschiedlichen Sprache – zumindest bis zu Vertreibung des letzten Etruskerkönigs Tarquinius Superbus 509 v. Chr. – in kultureller Hinsicht offensichtlich eng an die Etrusker an. Zudem belegen die Berichte römischer Geschichtsschreiber ebenso wie bestimmte archäologische Zeugnisse wiederum die Bedeutung Roms selbst für die größern etruskischen Stadtstaaten. Unter der Regierung von Servius Tullius, also während der ersten Hälfte des 6. Jahrhunderts v. Chr., konstituierte sich Rom definitiv als Stadtstaat. Diese Endphase eines bereits hundert Jahre früher eingeleiteten Prozesses dürfte gerade durch die von den Etruskern ausgehenden Impulse beschleunigt worden sein.

Seit dem 5. Jahrhundert beschritt die römische Gemeinschaft jedoch einen andern Weg. Der Krieg wurde zur Kollektivaufgabe der Bürger, um bestimmte Existenzbedingungen für die gesamte Gemeinde, die sich hauptsächlich aus Bauern rekrutierte, zu sichern. Deshalb bildete sich der Staat zu einer sowohl landwirtschaftlichen wie militärischen Organisation aus. Da neben dem alten Landadel auch andere Schichten, wie etwa die Plebejer, an der Regierung beteiligt waren, wurde deren Aufstieg in die herrschende Klasse möglich. In Etrurien dagegen blieb die aristokratische Gesellschaftsstruktur unverändert. Die herrschende Schicht behielt ihre Vorrechte, so daß manche Städte von inneren Sozialkämpfen erschüttert wurden und dann bei der Konfrontation mit dem römischen Expansionismus entweder vollständig unterworfen oder zu nachteiligen Verträgen gezwungen wurden.

Hier sollen im folgenden zuerst die geographische Region, in der sich die etruskische Kultur ausbildete, ihr Umfeld und die durch Menschen bewirkten Veränderungen dargestellt werden, weiter die Frage, wie sich im Lauf der Jahrhunderte die Beziehungen der einzelnen sozialen Gruppen veränderten und hierarchische und institutionelle Formen ausbildeten. Insbesondere sollen jedoch die Produktionsweisen, die Arbeitsorganisation, Kommunikation und Handel sowohl zwischen den einzelnen etruskischen Gemeinschaften wie auch mit den griechischen Kolonien untersucht werden, um so das Bild der etruskischen Gesellschaft verständlicher zu machen. Der letzte Teil wird der etruskischen Geisteswelt gewidmet sein, soweit sie sich anhand erhaltener Zeugnisse rekonstruieren läßt. Diese Zeugnisse sind unterschiedlichster Art, wobei natürlich die archäologischen Belege überwiegen. Dennoch müssen auch die etruskischen Texte sowie Erwähnungen in griechischen und lateinischen Werken herangezogen werden, um im Rahmen dieses Buches eine gültige Darstellung dieses großen Volkes geben zu können.

Vom Dorf zur Stadt

Die Veränderung einer Umwelt

Der geographische Raum Italiens, in dem sich die Kultur der Etrusker entfaltete, verteilt sich heute auf die drei Regionen Toskana, Umbrien und Latium. Im Altertum war jedoch das eigentliche Siedlungsgebiet durch inzwischen bedeutungslos gewordene natürliche Schranken begrenzt: im Norden durch den Arno, im Osten und Süden durch den Tiber und im Westen durch das Tyrrhenische Meer, dessen Name übrigens von einem die Etrusker bezeichnenden griechischen Wort, *Tyrrhenioi,* herrührt. Die Römer selbst waren sich der ethnischen und kulturellen Einheit des Gebiets durchaus bewußt, folgten doch in der augusteischen Verwaltung die Grenzen der Siebten Region, Etrurien, dem Tiber und den Tusko-Emilianischen Apenninen.

Die Geomorphologie eines Gebiets, das sich von den Apenninen bis zum Tyrrhenischen Meer erstreckt, ist natürlich mannigfaltig. In seinem nördlichen Teil wird Etrurien von den Hängen des Antiapennin durchzogen, die in die Colline Metallifere, die „metalltragenden Berge“, übergehen. Diese selbst gipfeln in den binnenländischen Massiven des Monte Amiata und des Monte Cetona. Hügelige Landschaften überwiegen, die wenigen Ebenen finden sich vor allem entlang der Maremmenküste. Die gewaltigen Krater erloschener Vulkane im Süden, die die heutigen Seen Bolsena, Vico und Braccaino bilden, sind von Berghängen umgeben, die reich an Wald, Buschwald (Macchia) und Gebirgsbächen sind.

Die Steilküste von Livorno bis zur Mündung des Cecina geht südlich in eine Flachküste über, abgesehen vom Kap von Piombino, wo das etruskische Populonia erbaut worden war, von den Monti dell'Uccellina, vom Monte Argentario und den Monti della Tolfa. Die klimatischen Bedingungen dieses Gebiets unterschieden sich in der Antike nicht unbeträchtlich von den gegenwärtigen: Nach der Pollenanalyse zu schließen, dürfte in der Zeit von 900 bis 300 v. Chr. ein kaltes und feuchtes Meeresklima geherrscht haben; das Tyrrhenische Meer stieg zwischen 600 v. Chr. und 100 n. Chr. um mehr als einen Meter.

Felsgräber aus dem 4. Jahrhundert v. Chr. unterhalb der Mauern von Caere (Cerveteri). Die Fassaden sind jenen eines Stadthauses nachgebildet.

Die ursprüngliche Vegetation der Region, zumindest nach den wenigen noch unberührten Teilen zu urteilen, zerfiel in Gemeinschaften von Tannen-, Buchen- und Eichenwäldern am Fuß der Berge und in mediterranen Strauchwald an der Küste. Von menschlicher Tätigkeit beeinflußt wurden hauptsächlich die alluvialen Ebenen und die Hügelzone, die relativ leicht zugänglich waren.

Hier entstanden die ersten Formen ursprünglichen Ackerbaus ebenso wie erste Siedlungen, insbesondere in den Flußtälern wie dem Val di Fiora, dem Val di Chiana und dem Val d'Elsa. Die Küstengebiete, insbesondere die Maremmen, die die gesamte Küste von Livorno bis Civitavecchia umfassen, waren damals von Sümpfen und Lagunen durchzogen. Bis zum 3. Jahrhundert v. Chr. waren sie jedoch möglicherweise noch nicht malariaverseucht und weniger ungesund als in der Folgezeit. Schon seit dem 1. Jahrhundert warnten römische „Umweltexperten" allerdings vor dem Bau von Gebäuden oder Städten in der Nähe von Sümpfen, da sie deren Funktion als Seuchenherde erkannt hatten.

Der etruskische Siedlungsraum muß reich an Wildtieren gewesen sein. Die römischen Schriftsteller sprechen von Hirschen, Ziegen, Bären und Wölfen in den Wäldern, Wildschweinen im Dickicht und Bibern in den Sümpfen. Von heute ausgerotteten Vogelarten, insbesondere Raubvögeln wie Adler, Sperber und Falke, wurden die etruskischen Namen durch die Römer überliefert; sie fanden sie in etruskischen Orakelbüchern, die sich mit der Deutung des Vogelflugs beschäftigten.

Eine besondere Erwähnung verdienen die Bodenschätze Etruriens, weil die Geschichte der Etrusker mit deren Ausbeutung eng verflochten ist. Die Anfänge dieses Bergbaus sind unbekannt, es scheint allerdings sicher zu sein, daß man auf der Insel Elba schon ziemlich früh nach Eisenerz grub. Kupfer wurde in den Colline Metallifere gefördert. Dem blühenden Leben der Region um die Monti della Tolfa am Ende der Urzeit dürften die reichen Mineralienlagerstätten die wirtschaftliche Grundlage gegeben haben. Die Bergwerke im Val di Cecina sind hingegen erst seit geschichtlicher Zeit in Betrieb.

An der Wende von der vorgeschichtlichen Zeit war Etrurien von seßhaft gewordenen Menschengruppen aus dem Umkreis der Villanovakultur bewohnt, die sich vermutlich auf die folgenden drei Hauptsiedlungsgebiete konzentrierten: die Monti della Tolfa, das mittlere Fioratal und das fruchtbare Land um den Monte Cetona. Die Landwirtschaft umfaßte nun weit mehr als nur Tierzucht, und feste Dörfer lösten Behausungen auf Zeit und Wohnhöhlen ab. Archäologische Untersuchungen erbrachten Belege für eine erstaunliche Häufung verschiedener Siedlungstypen, von denen einige mit Wehrmauern umgeben waren. Brand- und Erdbestattung kamen nebeneinander vor. Die Tonurnen mit der Asche Verstorbener wurden in mit Feldsteinen ausgekleideten engen Schächten (Pozzo-Gräbern) oder in Tuffsteinbehältern aufbewahrt. Auch diese Tuffsteinbehälter wurden verschiedentlich in Gräbern aus Steinplatten untergebracht, so bei Crosoletto di Lamone und im Fioratal. In einem Umkreis von etwa zehn Quadratkilometern fand man sechs Siedlungen, von denen eine von einer Außenmauer umgeben war. Ferner wurden fünf Brandbestattungsstellen und ein Gräberfeld mit Hügelgräbern (Tumuli) festgestellt. Ein dichtes Netz von Siedlungen und Brandbestattungsstellen, in dem auch zahlreiche Bronzegegenstände entdeckt wurden, befindet sich auch im Gebiet von Allumiere.

Auf dem Monte Cetona gibt es schließlich Depotfunde in Höhlen und in höhergelegenen, von Trockenmauern umgebenen Siedlungen, die auf eine dauernde Besiedlung der Region in der Bronze- wie in der frühen Eisenzeit deuten.

Weiter gestreut fanden sich Gräber und kleine Gräberfelder derselben Kulturstufe in Sasso di Furbara bei Cerveteri, in Sticciano Scalo in der Nähe von Grosseto und auf der Halbinsel Argentario, Siedlungen von einiger Bedeutung im innern Teil Südetruriens in Luni sul Mignone und auf dem Monte Becco beim Mezzanosee westlich des Lago di Bolsena.

Diese Siedlungen können mit dem um 1000 v. Chr. allgemein feststellbaren Wachstum der Bevölkerung auf der Halb-

Oben: Blick auf den Lago di Vico. In der Antike war die Gegend um den Lago di Bolsena der am dichtesten besiedelte Teil der Seenregion im nördlichen Latium. Der kleine Vicosee in den dünn bevölkerten Monti Cimini war bei der römischen Eroberung Inneretruriens eines der natürlichen Hindernisse.

Links: Die bedeutenden etruskischen Siedlungen in geschichtlicher Zeit (Tevere = Tiber).

insel erklärt werden. Es scheint aber, als ob sie bis auf einige Ausnahmen zu verschiedenen Zeitpunkten und aus unterschiedlichen Gründen plötzlich verlassen wurden. Warum, bleibt im dunkeln. Eines aber steht fest: Die neuen Siedlungen entstanden dort, wo sich in der Zukunft große Städte entfalten sollten – etwas zurückversetzt entlang der tyrrhenischen Küste und in der Nähe bedeutender Flüsse und Seen. Sie wurden auf den breiten, terrassenartig erodierten Tuffplateaus angelegt, die natürlichen Schutz boten. Im Lauf des 9. Jahrhunderts v. Chr. wurde eine ganze Anzahl derartiger strategisch günstiger Plätze besiedelt. Veji am rechten Tiberufer, Cerveteri, Tarquinia und Vulci – all diese Siedlungen sind nur einige Kilometer von der Küste entfernt – waren höchstwahrscheinlich eine Art Ballungsgebiet, während sich die Bevölkerungsdichte gegen Norden hin verringerte. Hier erhebt sich aus einer Hochebene in der Nähe des Prilosees – dessen Boden heute die Ebene von Grosseto bildet – die Stadt

Oben: Der Tuffelsen des etruskischen Volsinii oder Velsna *dominiert das moderne Orvieto. Bereits die klassischen Schriftsteller rühmten die hervorragende strategische Lage der Siedlung, die lange als uneinnehmbar galt.*

Rechts: Terrakotta-Hütten- oder -Hausurne aus Vetulonia, Ende 9. bis erste Hälfte 8. Jahrhundert v. Chr. (Florenz, Museo Archeologico). Die symbolische Darstellung eines zeitgenössischen Hauses barg die Asche einer Frau.

Vetulonia und in Sichtweite der Insel Elba die einzige Siedlung direkt am Meer – Populonia.

Bei den binnenländischen Zentren – in welchen die archäologischen Funde eine ähnliche, wenn auch weniger bedeutende Dichte aufweisen – handelt es sich um Volsinii (Orvieto), das sich über dem Pagliafluß erhebt, ferner das isoliert auf einem Hügel im Chianatal stehende Chiusi und Volterra auf einer Erhebung unweit des Cecina. Die Standorte dieser Gründung scheinen insbesondere nach dem Vorhandensein kultivierbaren Bodens, günstiger Verkehrsmöglichkeiten über See oder Fluß sowie von Mineralien- und Erzvorkommen (im Tolfa-Gebirge, in den Colline Metallifere bei Grosseto und im Gebiet von Montecatini und Val di Cecina in der Nähe von Volterra) gewählt zu sein.

Einige dieser Siedlungen können am Ende des 9. Jahrhunderts schon als „vor-städtisch" charakterisiert werden. Die Tatsache, daß die Gräberfelder weit um die Tuffplateaus verstreut lagen, beweist, daß diese bis zu hundert Familien zählenden Stämme oder Völker in getrennten Hüttendörfern an den Rändern der Hochebenen siedelten und das Land zwischen den Siedlungen für den Ackerbau oder als Weiden nutzten. Zweifellos waren auch noch im 6. und 5. Jahrhundert, als die Siedlungen zu Städten mit Tausenden von Menschen geworden waren, weite Teile der Tuffplateaus der Landwirtschaft vorbehalten. Eine ungefähre Vorstellung der Flächenverteilung geben die Ausmaße der von Stadtmauern umfriedeten Areale. Die binnenländischen Städte waren die kleinsten: Die Fläche von Chiusi betrug bloß 26 Hektar, jene von Volsinii (Orvieto) etwa 40 Hektar; Cerveteri (Caere), Tarquinia und Vulci hatten eine Fläche von 120, 150 beziehungsweise 180 Hektar; die größten Städte waren Veji mit 243 Hektar und Volterra, dessen im 4. Jahrhundert entstandene Mauern ein Areal von 260 Hektar umgrenzten. Für den Ackerbau blieb also genügend Raum, bei den letztgenannten Orten selbst innerhalb der Stadtmauern.

Im ausgehenden 8. Jahrhundert brachten die Kontakte mit

Unten: Verteilung der eisenzeitlichen Siedlungen und Gräberfelder auf dem Plateau von Veji vor der Gründung der spätern Stadt.

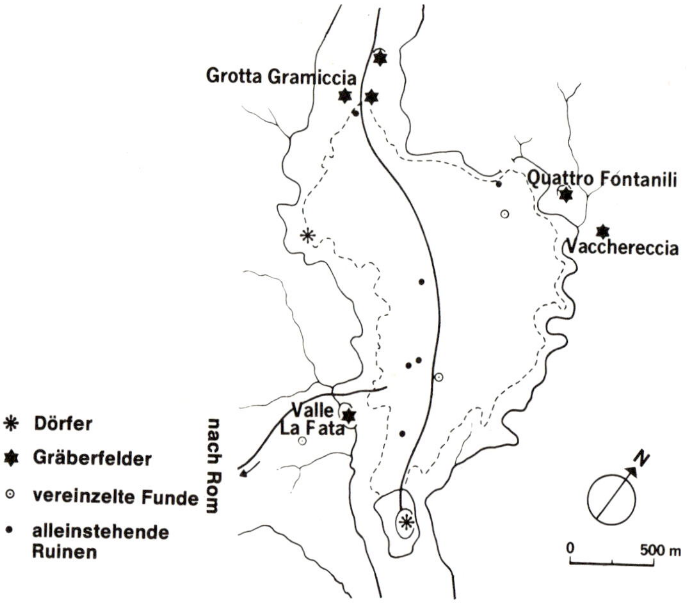

den griechischen Siedlern eine ganze Reihe sozialer und wirtschaftlicher Umwälzungen in den küstennahen Siedlungen, die auch die demographischen Strukturen beeinflußten. Die prähistorischen Siedlungen wurden neu bevölkert und neue Gebiete besiedelt, zum Beispiel im Albegna- und im Fioratal, um den Flußverkehr mit den Küstengemeinden aufrechtzuerhalten. Eine größere Siedlung entstand in Tuscania an dem am Bolsenasee entspringenden Marta, während ein dichtes Netz von Dörfern das Gebiet von Fosso Bieduno zwischen den Monti della Tolfa und der undurchdringlichen Selva Ciminia überzog.

Die größern Siedlungen können nun wie die spätern römischen Oppida als befestigte Städte bezeichnet werden, die aus ihrer strategisch und wirtschaftlich überragenden Stellung heraus ihr jeweiliges Umfeld mit den verstreuten Dörfern beherrschten. Die archäologischen Belege zeigen, daß die Städte und Dörfer des Binnenlandes besonders von den großen Küstenstädten abhängig waren, wo die Importgüter angelandet wurden und Handwerkszentren entstanden. Jede dieser küstennahen Städte mit ihren Häfen unmittelbar am Meer wuchs sich zur Metropole mit eigenem Hinterland aus. Es scheint, daß sich der Urbanisierungsprozeß in Veji, Cerveteri, Tarquinia und Vulci im Verlauf des 7. Jahrhunderts beschleunigte und in dessen letzten Jahrzehnten abgeschlossen war.

Das charakteristische Bild einer etruskischen Stadt prägte nun die Lage auf einem Hochplateau mit der alles überragenden Tempelstadt (wie in Veji) und einem durch Stadtmauern begrenzten Areal (wie in Roselle) als Gewerbe- und Handelszentrum. Die griechischen Kaufleute waren in diesen Zentren willkommen und ließen sich nach Berichten klassischer Geschichtsschreiber zum Teil auch dauernd hier nieder.

Zwei Städte Südetruriens gelangten in dieser Zeit zu besonderer Bedeutung: Caere (Cerveteri) mit seinem von zweitrangigen Städten um Viterbo (Luni, S. Giovenale, Blera und Norchia) durchsetzten Hinterland, das namentlich durch den

Mignone erschlossen war, und Vulci mit seinen „Satelliten“ an den Ufern des Fiore (Castro, Poggio Buco und Sovana) und der Küste entlang bis nach Orbetello, wo eine Hafengemeinschaft entstand. Andere Städte im Einflußbereich von Vulci lagen am Albegna von Marsiliana und Magliano bis Salernia.

Im Gebiet von Grosseto, in der Umgebung des Prilosees, verlief die Entwicklung anders. Da Vetulonia an der Nutzung der Rohstoffvorkommen dieser Region interessiert war, erweiterte es sein Territorium hauptsächlich entlang den Colline Metallifere bis zum Lago di Accesa südlich von Massa Marittima. Die Siedlung wiederum, die im 7. Jahrhundert auf der Hochebene von Roselle entstand, war durch den schiffbaren Ombrone mit den tiefer im Landesinnern liegenden Regionen verbunden; hier spielte wahrscheinlich die Landwirtschaft eine dominierende Rolle.

Auf die beachtliche kulturelle Bedeutung des Gebiets um den Monte Cetona in vorgeschichtlicher Zeit wurde bereits hingewiesen. An der Südflanke des Massivs entspringt der Paglia, im Norden der Orcia. In der frühgeschichtlichen Epoche lebte die Bevölkerung in verstreuten hochgelegenen Siedlungen, einige befanden sich an den südlichen Abhängen (Cancelli und S. Casciano ai Bagni), andere an den nördlichen Hängen gegenüber Sarteano und in Chianciano am andern Ufer des Astrone.

Keine dieser Siedlungen war jedoch den Städten Südetruriens vergleichbar, jedenfalls nicht im 7. und in der ersten Hälfte des 6. Jahrhunderts. Die Bevölkerung scheint hauptsächlich in Dörfchen verstreut gelebt zu haben, ähnlich wie im innern Teil Nordetruriens – sowohl im Val di Chiana als auch im Val d'Elsa. Am meisten Zuwachs hatten verständlicherweise die Siedlungen an den Hauptverkehrswegen, wie etwa Volsinii (Orvieto), das auf einer felsigen Anhöhe über dem Zusammenfluß von Paglia und Tiber thront. Als bedeutender Verkehrsweg war der Tiber – wie klassische Schriftsteller berichten – von der Mündung stromaufwärts neun Tagesreisen weit schiffbar.

Rechts: Bemalte Impasto-Urne in Hausform mit charakteristischen Akroterien – Tempelgiebelbekrönungen – auf First und Ecken. Cerveteri, 650–630 v. Chr. (Museo Archeologico, Cerveteri).

Links oben: Steilwand des Plateaus aus rötlichem Tuff, auf dem das antike Caere (Cerveteri) stand.

Links unten: Das Dorf Pitigliano mit seinen direkt auf den Tuffelsen gebauten Häusern erinnert in seiner äußern Erscheinung an eine mittelgroße Etruskersiedlung im Hinterland.

Der Aufstieg der Städte

Wie entstehen eigentlich Städte? Wie kam es zur Ausbildung von Stadtstaaten? Bei der Beantwortung dieser Fragen darf das üblicherweise genannte Datum einer durch Beschluß oder Verordnung erfolgten Staatsgründung nicht zu hoch eingeschätzt werden, ist es doch meist das Ergebnis vorangehender sozialer und wirtschaftlicher Entwicklungen. Doch schon die antiken Philosophen versuchten die Stadtwerdung theoretisch zu erklären (Platon, *Gesetze*, 680–681):

„*Athener*. Und zwar finden sie [derartige staatliche Formen] sich doch bei Menschen, die nach Wohnstätten und Geschlechtern in Folge der Not jener verheerenden Vorgänge zerstreut lebten und bei denen das älteste Mitglied jeder Gruppe die Herrschaft führt auf Grund der von Vater und Mutter ererbten herrschaftlichen Stellung? Und diesem folgend, werden sie doch, einem Vogelschwarm vergleichbar, eine Einheit bilden, indem sie unter väterlichem Regiment

stehen und der allerrechtmäßigsten Form des Königtums teilhaftig sind?

Kleinias. Sicherlich.

Athener. Weiterhin treten sie dann in zahlreicherer Menge zu größeren staatlichen Gemeinschaften zusammen, und nun wenden sie sich zunächst der landwirtschaftlichen Bebauung der Bergabhänge zu und schaffen sich durch Herstellung mauerartiger Umwallungen aus aufgeschichtetem Gestein Schutz gegen die wilden Tiere. Damit ist dann eine neue gemeinsame, umfangreiche Wohnstätte geschaffen.

Kleinias. Für diesen Hergang der Sache spricht allerdings die Wahrscheinlichkeit.

Athener. Und spricht sie nicht auch für folgenden Hergang?

Kleinias. Für welchen?

Athener. Bei diesem Anwachsen der ursprünglichen kleinen Wohnstätten zu größeren vollzieht sich doch wohl der Beitritt der kleinen in der Weise, daß jede kleine Geschlechtsgemeinschaft ihr Altersoberhaupt wie auch gewisse eigenartige durch ihre bisherige Absonderung bedingte Gebräuche beibehält, wie sie von den Erzeugern und Hütern eines jeden besonderen Geschlechts in Bezug auf das Verhalten zu den Göttern und zu sich selbst geschaffen worden sind, gesetzter bei den gesetzteren, kraftvoller bei den kraftvollen; und indem so jedes Geschlecht gebührendermaßen seine eigenen Hervorbringungen auf Kinder und Kindeskinder getreulich überträgt, ergibt sich eben als Folge unser Satz: jeder bringt schon seine eigenen Bräuche und Gesetze mit, wenn er der größeren Wohnungsgemeinschaft beitritt.

Kleinias. Sicherlich.

Athener. Und dabei kann es doch gar nicht ausbleiben, daß jeder den eigenen Gesetzen den größten Wert beilegt, die der anderen aber dahinter zurückstellt.

Kleinias. So ist es.

Athener. So stünden wir denn, wie es scheint, sozusagen schon auf der Schwelle der Gesetzgebung, ohne daß wir es gewahr geworden sind.

Kleinias. Allerdings.

Rechts: Die 3270 Meter lange Stadtmauer von Roselle umschloß die gesamte Anlage. Obschon später mehrfach umgebaut, datiert sie aus der Mitte des 6. Jahrhunderts v. Chr., als die Siedlung in der Nähe des heutigen Grosseto zum festen Platz wurde.

Links: Die Tomba della Capanna in Cerveteri ist eines der frühesten Kammergräber aus der ersten Hälfte des 7. Jahrhunderts v. Chr. Da die Wohnhausformen auf die Grabstätten übertragen wurden, hat die Anlage noch die Form einer Hütte (capanna).

Athener. Als notwendige Folge dessen nämlich ergibt sich, daß die nunmehr zu einer Einheit Verbundenen eine Anzahl gemeinsamer Vertreter aus sich wählen, welche die gesetzlichen Bräuche aller einer Prüfung unterwerfen und was ihnen davon am meisten gefällt, zum Nutzen des Ganzen den Vorstehern bekannt geben und zur Auswahl vorlegen. Sie selbst wird man dann Gesetzgeber nennen, die zunächst Obrigkeiten einsetzen und aus den bisher patriarchalisch regierten Gemeinschaften eine Art Aristokratie oder auch Königtum bilden werden; und so wird man sich weiterhin dieser veränderten Staatsform anbequemen.

Kleinias. Dies mag wohl die Art und Weise sein, in der sich die Entwicklung vollzieht." (Platon, *Sämtliche Dialoge*, Bd. 7, Leipzig 1916.)

Platon hebt hier das Institutionelle der Stadt hervor; doch auch das ist ein Ergebnis sozialer und ökonomischer Veränderungen. Als Beispiel sei das Rom kurz vor der Mitte des

7. Jahrhunderts betrachtet. Damals herrschte hier der König Servius Tullius, ein Mann etruskischer Herkunft, der unter rätselhaften Umständen an die Macht gekommen war – möglicherweise durch einen Handstreich. Die von ihm durchgeführten Reformen zeigen, daß sein politisches Programm Ausdruck bestimmter sozialer Spannungen war. Die Einteilung der Bevölkerung in Klassen erfolgte nicht mehr nach den von der vornehmen Geburt abgeleiteten Vorrechten, sondern nach den Kriterien des Reichtums und Landbesitzes. Freistätten um außerhalb der Stadtmauer errichtete Heiligtümer dienten als Marktplätze dem Handel mit andern Gemeinschaften. Sie dokumentieren das Vorhandensein anderer sozialer Kräfte als des alten Landadels. In Rom wurde die Zone um das Forum Boarium zu einem „Handelsviertel". Hier erbaute Servius Tullius einen Fortunatempel; eine Kultstätte für die Schutzgöttin Roms. Bei den Etruskerstädten handelte es sich dagegen um Küstensiedlungen mit Hafenanlagen, die sich aufgrund ihres Handels mit den Griechen und Phöniziern entwickelten. Auf solche Beziehungen weisen schon ihre Namen hin. Die Häfen von Caere (Cerveteri) hießen Pyrgi (vom griechischen *pýrgoi* für Türme) und Punicum (ein offensichtlicher Bezug auf die Karthager). Der Hafen von Vulci hieß Rege (vom griechischen *régai* für Ortschaften auf Felsen). Ferner ergab die vor kurzem in Gravisca durchgeführte Grabung, daß der Hafen regelmäßig von Griechen angelaufen wurde und daß sie hier von ungefähr 580 v. Chr. bis 480 v. Chr. der Küste entlang Siedlungen anlegten.

Leider wurden bisher zu wenige systematische Grabungen durchgeführt, die das physische Aussehen der etruskischen Städte dieser Periode erhellen könnten. Aufgrund der unlängst abgeschlossenen Untersuchungen bei einigen kleinen Siedlungen des Viterbogebiets, die um das Ende des 6. Jahrhunderts zerstört worden waren, ergibt sich deutlich, daß es damals überhaupt keine Stadtplanung gab. Dasselbe gilt für die abgegrenzten städtischen Areale von Veji und Roselle, die bislang erforscht wurden. Die Häuser bestanden aus wenigen, in Reihen angeordneten Räumen, ab und zu unterbrochen durch einen der Frontseite vorgelagerten Portikus. Ihre Wände dürften aus Feldsteinen oder – häufiger – aus ungebrannten Ziegeln, Holz und gestampftem Lehm gebaut worden sein. Im Vergleich mit diesen spontan entstandenen Behausungen wurde den zu religiösen Zwecken bestimmten Arealen und den „Königspalästen" mehr Aufmerksamkeit gewidmet. Im Verlauf des 6. Jahrhunderts entwickelte sich für diese Bauten ein spezifischer Typ der Monumentalarchitektur. Der regelmäßige Bauplan der Stadt Marzabotto in der Emilia dürfte also zweifellos als untypisch für etruskische Städte anzusehen sein. Marzabotto entstand am Anfang des 5. Jahrhunderts v. Chr. und trägt die charakteristischen Züge einer Stadt, die als Folge der Veränderungen in der Bevölkerungsstruktur des etrurischen Hinterlands von Kolonisten gegründet wurde.

Nicht nur das Verlassen der bevölkerten Regionen um Viterbo und im Fiora- und Albegnatal am Ende des 6. Jahrhunderts, sondern auch das Abwandern aus den Dörfern im Val di Chiana zugunsten der Stadt Chiusi und der Trend, sich in Arezzo und Volterra anzusiedeln, beweisen, daß eine eigentliche Landflucht eingesetzt hatte. Die erzwungene Aufgabe kleinerer Siedlungen ist außerdem ein Zeichen dafür, daß die führenden Städte begonnen hatten, sich ihres Status als unabhängige politische Einheiten bewußt zu werden, und das zugehörige Hinterland unter ihre Kontrolle bringen wollten. Diese Tatsache belegt auch, daß die auf diese Weise entstandenen regionalen Stadtstaaten eine gemeinsame ethnische Basis hatten, die es ihnen ermöglichte, eine Konföderation der „zwölf Völker von Etrurien" zu bilden. Die Vertreter dieser Föderation versammelten sich einmal im Jahr im Heiligtum in Voltumna in der Nähe von Volsinii (Orvieto), um den gemeinsamen Befehlshaber der Armee zu küren.

Die Ebene in der Nähe von Grosseto. Die Entstehung der etruskischen Städte förderte die Konzentration der Bevölkerung in „Ballungsgebieten", während das Land nur dünn mit Dörfern und Einzelhöfen durchsetzt war. Erst im 2. Jahrhundert v. Chr., als Umbrien und die innere Toskana zu den Kornkammern Mittelitaliens wurden und Oliven und Wein exportierten, nahm das Gewicht der ländlichen Bevölkerung wieder zu.

Tatsächlich liefert der etruskische Friedhof in Orvieto ein detailliertes Beispiel für eine Art „Stadtplanung" am Ende des 6. Jahrhunderts. Die Anlage der Familiengräber mit ihren gleichmäßigen Frontseiten und ähnlichem innerem Aufbau an „Straßen" mußte Ergebnis einer politischen Entscheidung gewesen sein, möglicherweise verordnet durch die staatliche Autorität. Unlängst durchgeführte Grabungen auf dem Grä-

Diese beiden gehören für immer Ihnen.

Als Dankeschön für Ihr Interesse schicken wir Ihnen, zusammen mit Ihren Wunsch-Titeln, diese beiden Tonkassetten. Hören Sie Reden, die Geschichte machten! Genauer: deutsche Geschichte in 40 Jahren Bundesrepublik. Lebendiger als durch diese Originaltöne kann man die Vergangenheit kaum erleben. Und natürlich gehören diese Kassetten für immer Ihnen. Bitte schön.

Bitte mit 60 Pfg. frei machen, falls Marke zur Hand.

Antwort

DIALOG
Postfach 88 88

W-4830 Gütersloh 100

berfeld von Caere (Cerveteri) zeigten, daß hier durch einen ähnlichen Entscheid im selben Zeitabschnitt die früher unorganisierten Gräbergruppen – in denen sich die Eigentumsunterschiede der einzelnen Familien in der unterschiedlichen Größe der Gräber widerspiegelt hatten – geordnet worden waren.

Vermutlich wurde bei dieser erzwungenen Vereinheitlichung ein neues Konzept der „funktionellen" Stadtorganisation auf die Grabstätten angewandt. Dieser Einheitlichkeit entsprach jedoch keineswegs eine materielle und ideelle Gleichheit der Bürger. Jedes Grab gehörte einer Familie von Freien, deren Familienoberhaupt als nomineller Inhaber des Grabes mit der äußerlichen Standardisierung des Friedhofs einverstanden war, wie reich auch seine Familie gewesen sein mochte. Der Status spiegelte sich in der Ausstattung des Grabes wider.

Beim Vergleich dieser Friedhofanlagen mit jener der Stadt Marzabotto ist zu beachten, daß letztere ein am Anfang des 5. Jahrhunderts gegründetes Handels- und Produktionszentrum war. Es lag am Fuß der Apenninen in der Nähe des Flusses Reno, der an Bologna (dem etruskischen Felsina) vorbeifließt und in die Adria mündet. Sein regelmäßiger Bauplan – der jenen anderer durch etruskische Kolonisten zu gleicher Zeit gegründeter Städte (zum Beispiel Capua) entspricht –, kann als Ergebnis eines spezifisch etruskischen Rituals für eine Landteilung angesehen werden (vergleiche Seite 106). Dieses Ritual projiziert die „Teilungen", die die Weissagung im Himmel zu finden glaubt, auf irdische Verhältnisse. Es ist allerdings möglich, daß hier auch der Einfluß der rationalen griechischen Stadtplanung eine Rolle spielte, die zu dieser Zeit schon kodifiziert war und sich in der funktionellen Disposition verschiedener Stadtgebiete Marzabottos widerspiegeln könnte.

Die Kultstätten befinden sich auf der westlich außerhalb der Stadt liegenden „Akropolis", die Grabstätten dagegen liegen im Norden und Osten. Innerhalb der Stadt ist die „öffentliche" Zone von den Wohnzonen getrennt. Besonders aufschlußreich ist die Anlage der individuellen Häuserzeilen. Alle sind gleich lang, etwa 165 Meter, mit regelmäßigen Straßenfronten. Um die Häuserzeilen führen Gehsteige mit Abwasserrinnen. Die Häuser selbst sind rechteckig, die einzelnen Wohnräume umgeben den zentralen Hof. Wie auch die Grabausstattung zeigt, scheinen hier die Vermögensverhältnisse relativ ausgewogen gewesen zu sein, was zur Annahme berechtigt, daß die Bevölkerung sozial und wirtschaftlich homogen war. Darauf deutet ja auch die gleichmäßige Verteilung der Wohneinheiten hin.

In Spina – einer andern Kolonistengründung am damaligen Südrand des Podeltas – scheinen die Verhältnisse ähnlich gewesen zu sein. Der Stadtplan orientiert sich auch hier nach geraden Achsen. Die aus leichtem Material gebauten Häuser standen auf Pfahlplattformen und hatten Fußböden aus gestampftem Lehm, Fachwerkwände und ziegelgedeckte Holzdachstühle. Außer Straßen gab es hier auch Kanäle, die mit dem Po verbunden waren. In der Antike waren die Etrusker durch ihre Erfahrung auf dem Gebiet der Wasserbauten berühmt. Spina scheint das Ergebnis einer breit angelegten Melioration gewesen zu sein, die die Wasserstandsschwankungen auffangen sollte. Nach Plinius dem Ältern *(Naturgeschichte* III, 16) haben die Etrusker alle Meliorationen im Podelta durchgeführt, indem sie Kanäle und Ableitungen bauten, um die Fluten des allzu schnell fließenden Stroms in das adriatische Sumpfgebiet zu lenken.

Der Aufstieg der Städte wurde im 5. Jahrhundert durch eine Krise unterbrochen. Im Verlauf der ersten dreißig Jahre dieses Jahrhunderts kam es zu einer Reihe von Kriegen zwischen den Griechen und ihren „barbarischen" Feinden – den Persern im Osten und den Karthagern im Westen. Die Etrusker hatten sich als Verbündete der Karthager daran beteiligt, bis ihre „hochmütige Flotte" in der Seeschlacht von 474 bei Cumae von Hieron I. von Syrakus vernichtet wurde. Da nun die Etrusker die Seewege nicht mehr unter Kontrolle hatten,

Rechts: Modell eines Hauses mit der für die Zeit charakteristischen Dachkonstruktion. Veji, 5. Jahrhundert v. Chr. (Museo di Villa Giulia, Rom).

Links: Die Nekropole „Crocifisso del Tufo" bei Orvieto. Die Grabmäler sind wie in einer planmäßig angelegten Stadt als regelmäßige Würfel errichtet (6. Jahrhundert v. Chr.).

begannen die Griechen von der Küste Etruriens aus neue Handelsplätze zu suchen, obwohl sie weiterhin Rohstofflieferungen aus Populonia bezogen.

Während die Küstenstädte ein Jahrhundert des Niedergangs durchmachten, blühten die binnenländischen Siedlungen geradezu auf. Zu Beginn des 4. Jahrhunderts umfaßte das Territorium von Chiusi mehr Land, als seine Bürger überhaupt bebauen konnten. Obwohl spärlich besiedelt, war das innere Etrurien reich an Weinbergen, Olivenbäumen und Getreideäckern. So konnte denn, als die Gallier in Italien einfielen und bis nach Rom vorstießen, ohne Schaden ein Teil des Landes abgetreten werden, zumindest nach Dionysios von Halikarnassos (*Römische Altertümer*, XIII, 16).

Der Landadel in den Städten nahe dem Tibertal lebte eher noch besser, da er den fruchtbaren Boden und die günstigen Transportmöglichkeiten des Tibers nutzen konnte, der nicht nur schiffbar war, sondern sich auch zum Holzflößen eignete. Im Verlauf des 5. Jahrhunderts v. Chr. wurde das gesamte Gebiet von Veji von den sogenannten *cuniculi*, Bewässerungs- und Dränagekanälen, durchzogen, die viel höhere Erträge ermöglichten. Als um die Mitte des 4. Jahrhunderts die etruskischen Staaten mit dem Expansionismus Roms konfrontiert wurden, scheint man die Bevölkerung zum Teil umgesiedelt zu haben. Erneut leben die verlassenen Siedlungen im Fioratal auf, die alten befestigten Ortschaften im Gebiet um Viterbo – jetzt unter der Herrschaft von Tarquinia – werden wieder bevölkert, und im Land um den Bolsenasee, auf dem Territorium von Volsinii, erscheinen wieder Dörfer.

Die Römer gingen vorerst nur gegen die unmittelbar benachbarten Etruskerstaaten militärisch vor. Ihre wohlorganisierte Armee überraschte die völlig unvorbereiteten Etrusker, deren Zwölfstädtebund mit seinen jährlichen Versammlungen in Voltumna in erster Linie eine Institution religiösen Charakters war und keine politische Gewalt oder Unterstützungsverpflichtung kannte. Nach der Vernichtung von Veji, 396 v. Chr., das die andern Städte ihrem Schicksal überlassen hatten, waren die Römer anscheinend hauptsächlich an einer Expansion ins Tibergebiet und zur tyrrhenischen Küste hin interessiert. Nach jahrzehntelangem Kampf wird Tarquinia 308 unterworfen und gezwungen, einen vierzigjährigen Waffenstillstand anzunehmen. Caere und Vulci verlieren am Anfang des 3. Jahrhunderts einen großen Teil ihrer Ländereien an Rom. Die römischen *Fasti* (Kalenderverzeichnisse der Konsuln) verzeichnen zwischen den Jahren 311 und 281 v. Chr. sieben Triumphe der römischen Feldherren über die Etrusker und 280 v. Chr. den Sieg über Volsinii und Vulci.

Die Römer waren in militärischer und wirtschaftlicher Hinsicht derart gut organisiert, daß sie 273 imstande waren, eine Kolonie an der Küste bei Cosa mitten im Territorium Vulcis zu gründen, ohne vorher darüber verhandelt zu haben. In der ersten Hälfte des 3. Jahrhunderts entstanden Kolonien an mehreren Stellen des Küstengebiets von Caere; die etruskischen Häfen wurden konfisziert und das reiche binnenländische Territorium von Vulci auf den Status einer römischen Präfektur reduziert.

Die Auseinandersetzungen endeten in der ersten Hälfte des 3. Jahrhunderts mit der Zerstörung einiger Städte – Roselle 294 v. Chr., Volsinii 264, Falerii 248 – und aufgezwungenen ungünstigen Allianzverträgen für die andern.

Nach den Berichten der griechischen und römischen Chronisten muß sich die regierende Schicht der etruskischen Städte in deutlichem Niedergang befunden haben. Die starken sozialen Spannungen des 4. Jahrhunderts in Arezzo und in der ersten Hälfte des 3. Jahrhunderts in Volsinii zeigen, daß die Unfreien, die Servi, um jene Rechte kämpften, die Rom den Plebejern schon längst zugestanden hatte. Wenn man zwischen den Zeilen dieser moralisierenden antiken Quellen liest, wird klar, daß der etruskische Adel seine alten Vorrechte vergeblich gegen den sozialen Druck zu verteidigen suchte. Der Versuch, die innern Krisen zu lösen, indem man den revoltierenden Servi die Freiheit gewährte, war im Fall von Volsinii voreilig. Der Staat hatte offensichtlich keine andere

Oben: Die Via dei Monti della Tolfa in der Banditaccia-Nekropole von Cerveteri. Sie stammt wie die parallele Via dei Monti Ceriti aus der zweiten Hälfte des 6. Jahrhunderts, als man die standardisierten Grabtypen nach orthogonalem Plan anlegte. Würfelgräber haben hier die ältern Rundtumuli abgelöst.

Vorangehende Doppelseite: Die Tomba degli Scudi e delle Sedie aus dem zweiten Viertel des 6. Jahrhunderts v. Chr. Der Breitraum mit dorischem Portal, Rundthronen, Klinen (Liegebetten) und reliefierten Wandschilden ist die Nachbildung eines vornehmen Atriums.

Wahl, als sich an die Römer zu wenden, deren Eingriff eine Art Polizeiaktion gewesen zu sein scheint. Die Stadt wurde zerstört und die Bevölkerung nach Volsinii Novi (Bolsena) umgesiedelt.

In der Zeit, da die großen etruskischen Städte entweder zerstört wurden oder gezwungen waren, die Allianz mit Rom anzunehmen, scheinen verschiedene binnenländische Zentren von neuem aufgelebt und eine gewisse politische Selbständigkeit gewonnen zu haben, so etwa Sovana auf dem Territorium von Vulci, Tuscania, Norchia und Blera auf jenem von Tarquinia oder Bomarzo und Ferento im südlichen Teil des Herrschaftsbereichs von Volsinii. Neben in Tuffstein gehauenen Felsgräbern aus dem 7. bis 5. Jahrhundert finden sich beispielsweise im an der römischen Via Clodia gelegenen Blera auch römische Columbarien und Arcosolgräber aus der Zeit der römischen Oberhoheit neben etruskischen Bestattungsstellen derselben Epoche.

In den römischen Kolonien wurde der Boden ursprünglich an einzelne Bauern verteilt, und besonders an Legionärsveteranen. Im Verlauf des 2. Jahrhunderts begann sich allerdings diese landwirtschaftliche Struktur aufzulösen. Viele Kolonisten verließen ihre oft zu kleinen Höfe und zogen in die Städte, während erfolgreichere Bauern das Land zusammenkauften und durch Leibeigene bestellen ließen. Damit entstand allmählich ein ausgesprochenes Latifundiensystem. Von dieser Veränderung berichtet etwa Tiberius Gracchus, der im Jahr 135 v. Chr. der Via Aurelia entlang reiste.

Im Innern Nordetruriens war die Lage anders. Einige der bedeutenden Städte, wie Volterra und Arezzo, konnten ihre führende Stellung und ihre Adelsherrschaft weitgehend bewahren. Nur in Perugia und Chiusi kam es zu einer bedeutenden Veränderung in der Bevölkerungsstruktur; möglicherweise nach einem Aufstand der Servi im Jahr 196 v. Chr. Um die Mitte des 2. Jahrhunderts war das ganze Val di Chiana mit Einzelhöfen und Dörfern freigelassener Sklaven oder freier Bauern besiedelt. In unmittelbarer Nähe Perugias entstanden große Vorstädte. Man baute überwiegend für die wirtschaftliche Spekulation geeignete Produkte an – vor allem Oliven und Wein –, teilweise für den Handel mit Rom. Das früher reiche, aber dünn besiedelte Land wurde jetzt von den Plebejern bebaut, die endlich einige verbriefte Rechte bekommen hatten, möglicherweise auch jenes des Landbesitzes. Die Landwirtschaft wurde also auf neue Art organisiert, die bis zur neuen römischen Landreform im Jahr 90 v. Chr. Gültigkeit haben sollte. Diese Landreform wirkte sich übrigens in diesem Teil Etruriens katastrophal aus. Im Jahr 15 v. Chr. waren weite Teile vorher fruchtbaren Bodens aufgegeben worden und versumpften oder verödeten.

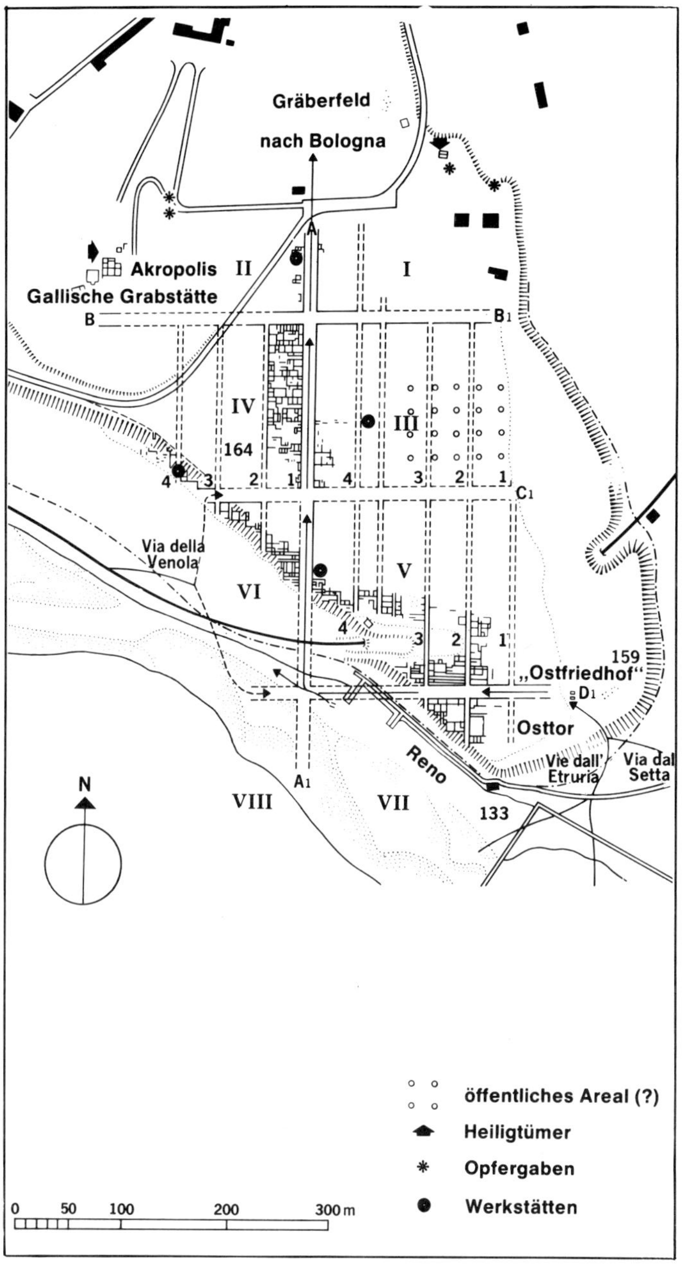

Oben: Skizze der etruskischen Kolonie Marzabotto. Nach einer präurbanen Phase im ausgehenden 6. Jahrhundert begann der planmäßige Bau der Stadtanlage im frühen 5. Jahrhundert v. Chr. Die verschiedenen Stadtteile scheinen nicht nach Funktionen gegliedert worden zu sein, da sich Werkstätten und Verkaufsläden vor allem an den Hauptstraßen finden.

Vom Stamm zum Staat

Die etruskische Familie

Kern der etruskischen Gesellschaft war von Anfang an die Familie. Die Schacht- oder Brunnengräber (Pozzi) für die Brandurnenbestattung in der Villanovazeit waren zwar mehr oder weniger uniform und für jeweils eine Urne bestimmt. Anhand der Grabausstattung kann wohl das Geschlecht, nicht aber das Verwandschaftsverhältnis der benachbarten Bestatteten ermittelt werden. Trotzdem gibt es einige Gräberfelder, wie etwa jene von Sorbo in der Nähe von Cerveteri, wo die aneinandergrenzenden Brunnengräber wahrscheinlich den einzelnen Familien oder Sippen entsprechen.

Die eisenzeitliche Bevölkerung lebte seßhaft in festen Dörfern und trieb Ackerbau und Viehzucht. In jedem Dorf bewohnte eine Anzahl Familien gleichgeartete Hütten. Sie waren oval oder kreisförmig in ihrem Bauplan, ihre Böden waren in den Fels gehauen oder bestanden aus gestampftem Lehm, während die Wände Holzkonstruktionen mit Pfosten und lehmverstrichenem Flechtwerk waren, auf denen ein Walmdach ruhte – Modelle solcher Häuser dienten auch als Urnen (siehe Abbildung Seite 13).

Die soziale Grundstruktur dürfte wie im Fall Roms vom Bild der patriarchalisch organisierten Familie oder Sippe abgeleitet worden sein. Die egalitäre äußere Gestaltung der Gräber und Häuser läßt vermuten, daß anfänglich große, ungeteilte Sippen mit der Zeit in einzelne Zweige und Familien zerfielen, die wirtschaftlich unabhängig waren, mit einem „Pater familiae" als Vorstand, der den gemeinsamen Ahnherrn und Stammgründer verkörperte. In der zweiten Hälfte des 7. Jahrhunderts finden sich allerdings in kleinen ländlichen Kultstätten des nördlichen Etrurien Opfergaben, die das Vorhandensein der Paarfamilie belegen. Die Bronzefiguren stellen nicht nur die mit bloßem Lendenschurz gekleideten speertragenden Männer, sondern auch eine verschleierte Frau und Tiere, meist Vieh, dar. Die Attribute Speer und Vieh weisen auch auf eine wahrscheinliche Arbeitsteilung der Geschlechter hin. Spätere Funde belegen, daß sich die etruskischen Familienbeziehungen um die Stellung des Vaters aufbauten.

Flachrelief auf einem Grabstein aus Chiusi, 500–480 v. Chr. (Museo Baracco, Rom). Zwei sitzende Damen prüfen Mäntel, die von Dienerinnen vorgeführt werden. Die Szene zeigt vermutlich einen Ausschnitt der Vorbereitungen für ein Begräbnis (vgl. Seite 117).

Im Verlauf des 7. Jahrhunderts, als die großen etruskischen Städte im Entstehen begriffen waren, bildete sich das System der etruskischen Personennamen mit denselben beiden Elementen, die in der westlichen Gesellschaft noch heute üblich sind: dem individuellen und dem Familiennamen. Wie im lateinischen System wird im etruskischen der Familienname durch eine Suffixbildung vom Personennamen abgeleitet. So finden sich beispielsweise im Lateinischen der Personenname *Marcus* und der Familienname *Marcius,* denen im Etruskischen die Formen *Marce* und *Marcena* entsprechen. In diesem Fall ist der Ahnherr der Familie ein Markus, und alle jene, die sich als seine Nachkommen betrachten, fügen diesen Familiennamen ihrem Vornamen hinzu. Erst am Ende des 6. Jahrhunderts findet sich in den Grabinschriften – und diese Inschriften hatten ja wohl halbamtlichen Charakter – ein drittes Element, das den Personennamen beigefügt ist, um auf die väterliche Autorität hinzuweisen.

Mit der Entwicklung der städtischen Gemeinden verbreiteten sich auch die Grabkammern, in denen die Inschriften, die sich auf Frauen beziehen, zeigen, daß die Frau mit der Heirat Mitglied der Familie ihres Ehemanns war und auch im Familiengrab bestattet wurde. Inschriften aus dem späten 6. Jahrhundert auf dem bereits erwähnten Friedhof von Orvieto zeigen eindeutig, daß der Grabinhaber und folglich auch der Eigentümer des Familienbesitzes in breiterm Sinn ein Mann war; von den mehr als hundert Gräbern tragen nur fünf Prozent eine Inschrift, die eine Frau als Eigentümerin ausweist.

Diese Zeugnisse veranlaßten die Spezialisten vor einiger Zeit, die Hypothese des etruskischen Matriarchats zu verwerfen. Die Frau war wohl nur ausnahmsweise Besitzerin eines Landguts oder Territoriums. Dies gilt jedoch nicht in bezug auf Gebrauchsgegenstände. Es ist offensichtlich, daß die Schicht der Schreib- und Lesekundigen sowohl Frauen als auch Männer umfaßte. Die Etruskerinnen besaßen mehr Freiheiten als etwa Griechinnen und Römerinnen. Die Inschriften zeigen, daß sie, ähnlich wie die Männer, Personen- und Familiennamen hatten, während die römischen Frauen nur durch ihren Familiennamen identifiziert wurden. Dies möglicherweise als Folge eines Namenstabus, das die Tatsache verschleiern sollte, daß die Römerin zuerst der Kontrolle ihres Vaters und erst dann der ihres Mannes unterworfen war. In Cerveteri gibt es in Tuffelsen gehauene Familiengräber aus dem 6. Jahrhundert, deren Innenräume jenen eines Hauses entsprachen. Die Sterbebetten der Frauen sind hier durch einen dreieckigen Tympanon gekennzeichnet, offensichtlich eine Anspielung auf ein Hausdach.

Die Freiheiten der etruskischen Frauen beschränkten sich im allgemeinen auf die Haussphäre, doch konnten sie sich auch auf die Teilnahme an öffentlichen Aktivitäten – als Zuschauerinnen – erstrecken, wie dies Malereien des 6. Jahrhunderts zeigen. Das wurde den Etruskern von den griechischen und römischen Schriftstellern verübelt. Die Griechen und die Römer der Frühzeit lebten in einer Gesellschaft, in der die Gattinnen das Haus führten, in der es aber undenkbar gewesen wäre, daß sie an den Gastmälern der Männer teilgenommen hätten. Sie waren vom Kulturleben ausgeschlossen, in dem einzig Hetären – bei denen das Spektrum vom Freudenmädchen zur einflußreichen Freundin Hochgestellter reichte – eine oft nicht unbedeutende Rolle spielten. Familie und Erotik wurden auseinandergehalten.

Das Ausmaß der Freiheit, das die Etruskerin genoß, war von ihrer sozialen Stellung abhängig. So heben etwa die klassischen Schriftsteller die wichtige Rolle hervor, die Tanaquil, die Frau des Tarquinius Priscus, bei der Thronbesteigung des Servius Tullius spielte. In den großen Adelsgräbern aus dem 4. Jahrhundert in Südetrurien gibt es Inschriften, in denen sich die Adeligen mit ihren Ahnen rühmen. Die Namen der Toten enthalten nach der den Vater angebenden Formel auch diejenige, die auf die mütterliche Herkunft des Verstorbenen hinweist. Die weitverzweigten Adelssippen zeigen außerdem, daß die Heirat ein wichtiges Element im Beziehungsgeflecht der einzelnen Gruppen war; dabei scheinen im

Links: Detail eines schwarzfigurig bemalten Kraters aus Cerveteri, 675–650 v. Chr. (Museo Archeologico, Cerveteri), mit der Darstellung eines Paars.

Rechts: Teil eines Terrakottafrieses aus dem „Palast" von Murlo, wahrscheinlich aus der Mitte des 5. Jahrhunderts v. Chr. (Palazzo Comunale). Ein vermutlich adliges Paar fährt an einer Prozession mit, beschirmt von einer Art Baldachin, der vielleicht Zeichen ihres Rangs ist.

Landadel endogame Verbindungen dominiert zu haben. Zahlreiche Inschriften auf Urnen des 2. Jahrhunderts aus dem Territorium von Chiusi und Perugia veranschaulichen, daß der Gebrauch von die mütterliche und die väterliche Herkunft anzeigenden Namen auch außerhalb des Adels gebräuchlich geworden war. Generell wurde jedoch nach dem vollen Namen der Frau auch jener ihres Gatten erwähnt.

Die dauernde Paarverbindung als charakteristische Eheform beeinflußte auch die Organisation des häuslichen Lebens. In der Zeit, da die städtische Kultur in höchster Blüte stand, war der Bauplan bei den Häusern und Gräbern fast identisch. Wie ehedem wurden Grabstätten außerhalb der Städte angelegt. Die Tatsache, daß sie Kammergräber enthielten, illustriert hinreichend das ausgesprochen städtische Wesen der etruskischen Gesellschaft dieser Zeit. Die Häuser waren weitgehend einheitlich gebaut, konnten jedoch den unterschiedlichen Bedürfnissen angepaßt werden. Der Hauptraum hatte eine Feuerstätte in der Mitte oder an einer Seite – wobei dann ein Schornstein vorhanden war. Der zweite Raum war mit dem ersten verbunden und diente wahrscheinlich als Schlafstätte. Weitere Räumlichkeiten waren manchmal vorhanden: Zentrum des häuslichen Alltags blieb jedoch der Hauptraum. Vor dem Hauseingang konnte ein Portikus stehen. Während sich die Öfen und Brunnen draußen befanden, wurde das Getreide im Innern, in besonderen, im Boden eingelassenen Speichern gelagert. Ähnliche Häuser wurden in Veji und Acquarossa gefunden und ins 4. Jahrhundert datiert. Sie entstanden hier aber offenbar in allmählich gewachsenen Stadtteilen. Wahrscheinlich handelt es sich bei den Häusern mit aufwendigerem Grundriß aus dem 6. Jahrhundert – mit einer Vorhalle und drei hintereinander stehenden Räumen, entsprechend den Gräbern in der Nekropole von Cerveteri – um einen ausgesprochen herrschaftlichen Typ, da diese Konstruktionsweise jener der dreiräumigen Tempel entspricht.

In Marzabotto dagegen erweckt es den Anschein, daß nicht nur die einzelnen Gebäude, sondern die im frühen 5. Jahrhundert gebaute Stadt selbst das Resultat einer einheitlichen Planung ist. Nach den Himmelsrichtungen ausgerichtete Straßen gliedern rechteckige, gleich lange, aber unterschiedlich breite Häuserblöcke, die jeweils aus einer Anzahl Behausungen bestehen, wobei jede „Wohnung" die volle Tiefe des Blocks einnimmt. Die Raumgliederung innerhalb dieser eingeschossigen Reihenhäuser ist nicht einheitlich; das Grundmuster hat jedoch einen langen Korridor mit unterirdischer Kanalisation, der in den quadratischen oder kreisförmigen Zentralhof führt, in dem manchmal ein Brunnen stand. Andere, streng rechteckig gebaute Kammern umgeben den zentralen Raum, wobei jene zur Straße hin vermutlich als Läden oder Werkstätten dienten. Es scheint, daß diese Art der Hofhausanlage später recht beliebt wurde. So haben beispielsweise im hellenistischen Viertel von Roselle die einfachern Häuser Zentralhöfe mit Brunnen, die in vornehmern Bauten durch Arkaden erweitert sind.

Soziale Hierarchien

Die bisher vorgestellte Organisationsform der etruskischen Familie oder Sippe hielt sich zweifellos bis zum Niedergang der etruskischen Kultur, obwohl einige große Gräber aus der hellenistischen Zeit die Annahme erlauben, daß in einem späten Stadium die höhern Klassen in größern Gruppen als der Familie organisiert waren. Nun soll untersucht werden, wie sich die soziale und wirtschaftliche Geschichte der Etrusker im Zusammenhang mit den demographischen Veränderungen entwickelte.

Innerhalb der familienreichen eisenzeitlichen Dörfer bildeten sich ziemlich früh Standesunterschiede heraus, möglicherweise beeinflußt von den Kontakten mit den Phöniziern und den Griechen. Wie schon erwähnt, bestimmten am Anfang des 7. Jahrhunderts besonders einige südetruskische Städte

Ausmaß und Stoßrichtung des Bevölkerungswachstums. Hier entstanden früher als anderswo die verschiedenen sozialen Schichten, die eine Veränderung der Gemeinschaftsstruktur anzeigen. Familiengräber mit mehreren Bestatteten enthalten hier oft viele Luxusgüter, die nur dank des Seehandels mit Griechenland und andern östlichen Ländern erworben worden sein können. Es muß sich also eine Oberschicht – zumindest in wirtschaftlichem Sinn – herausgebildet haben, deren Stellung auf der Teilhabe am Reichtum der griechischitalienischen Städte gründete, erworben durch verschiedene Methoden – vom Tauschhandel bis zur schlichten Seeräuberei.

Die patriarchalischen Eigenschaften des Familienoberhaupts wandelten sich in dem Sinn, als er von nun an nicht nur die Produktionsmittel und die Instrumente der Kultur beherrschte (wie beispielsweise die Schrift, die zu Anfang des 7. Jahrhunderts von den Euböern eingeführt und den Bedürfnissen der Etrusker angepaßt wurde), sondern auch über bestimmte Machtattribute, wie Waffen, Streitwagen und Thron, verfügte, die seinen Rang auch noch im Grab zeigten. Gleichzeitig müssen immer mehr Angehörige einer Gemeinschaft einen dieser Patriarchen als höherrangigen „Anführer" anerkannt und sich ihm unterstellt haben. Sie genossen seinen Schutz, waren aber gleichzeitig verpflichtet, bestimmte Dienste zu leisten, die vom Waffendienst in seinem Gefolge – in einer Zeit zahlreicher Kriege und Fehden unter rivalisierenden Gruppen entscheidend – bis zum Bebauen seiner Felder reichten.

Die Dauer dieser Feudalgesellschaft war letztlich davon abhängig, wann und wie die städtische Gesellschaft entstand. Die kleine Siedlung in Murlo, in der Nähe von Siena, ist ein Beispiel für eine von Adligen beherrschte Gesellschaft, in der diese noch um die Mitte des 6. Jahrhunderts die religiöse und politische Macht innehatten. Die Siedlung besteht denn auch in erster Linie aus einer Art Palast, deren Herrscher übrigens auf den dekorativen Verkleidungsplatten mit den Insignien seines Amts abgebildet ist. Sitzend hält er den Lituus, das Symbol seiner Autorität in Sachen Ritual und Religion. Er wird von einem stehenden Sklaven bedient, der seine Waffen – Schwert und Speer – trägt. Hinter ihm befindet sich seine Frau; sie sitzt ebenfalls auf einem kostbaren Thron und wird von einem fächer- und kannetragenden Mädchen bedient. Dann folgen die sitzenden Figuren zweier Frauen und eines Mannes, die ihre Kinder sein könnten. Der Mann trägt ein zweischneidiges Beil als Symbol politischer Autorität. Dieser „Palast" könnte in Zusammenhang mit einigen imposanten Kammergräbern der ersten Hälfte des 6. Jahrhunderts gebracht werden, die sich in isolierter Lage in der Landschaft des binnenländischen Nordetrurien befinden: in Castellina in Chianti, Cortona, Quinto Fiorentino und auf dem Territorium von Volterra. Die Anhäufung von Prestige- und Luxusgütern scheint im Inland mit einiger Verzögerung erfolgt zu sein.

Um diese Zeit verwandelt sich die Autorität des „Anführers" in jene eines Königs, über den griechische und römische Chronisten ab und zu berichten. Etruskisch hießen die Könige *lucumones.* Ihre Insignien waren „eine goldene Krone, ein Elfenbeinthron, ein adlergekröntes Zepter, eine goldbestickte Tunika aus Purpur sowie ein Purpurmantel mit gesticktem Schmuck". Es war „ein etruskischer Brauch, daß dem König ein Lictor voranging, der ein durch ein Bündel von Stäben zusammengehaltenes Beil hielt". Offensichtlich hat also Rom seine Symbole kaiserlicher Macht von Etrurien übernommen (Krone, Thron, Zepter und Faszes).

Es scheint, daß sich die Gesellschaft des südlichen Etrurien in den letzten Jahrzehnten des 7. Jahrhunderts noch weiter veränderte. Der Reichtum ist jedenfalls gleichmäßiger auf die einzelnen Gräber verteilt, und diese selbst sind uniformer gestaltet. Obwohl das Feudalsystem fortdauerte, entstand eine zahlenmäßig starke städtische Klasse von Handwerkern und Kaufleuten einschließlich der Ausländer. Die Fortschritte bei der Warenproduktion – insbesondere der Töpferei und der Bronzebearbeitung, gepaart mit der Expansion des Handels zur See wie auf dem Festland – ließen eine Mittelklasse entstehen. Diese neue Schicht war geradezu prädestiniert, die Basis der Stadtbevölkerung abzugeben. Servius Tullius, der etruskische König Roms von 578 bis 535 v. Chr. – er ist eine viel realere Gestalt, als oft angenommen wird –, hat denn auch

Unten: Die Analogien zwischen Wohnbauten und Grabanlagen veranschaulichen diese Grundrisse: A, B und C sind Pläne charakteristischer Häuser des 6. Jahrhunderts, während D, E und F Grabtypen der Nekropole von Cerveteri sind. Beispiel des Typs F ist die Tomba degli Scudi e delle Sedie (Seiten 22/ 23), die die Anlage eines herrschaftlichen Hauses nachahmt. Die dreiteilige Kernanlage für das Dreigestirn Jupiter, Juno und Minerva wiederholt sich auch beim etruskischen Jupitertempel auf dem römischen Kapitol, der 507 v. Chr. geweiht wurde (unten rechts). Der dem Portal vorgelagerte Säulenraum war später erweitert worden.

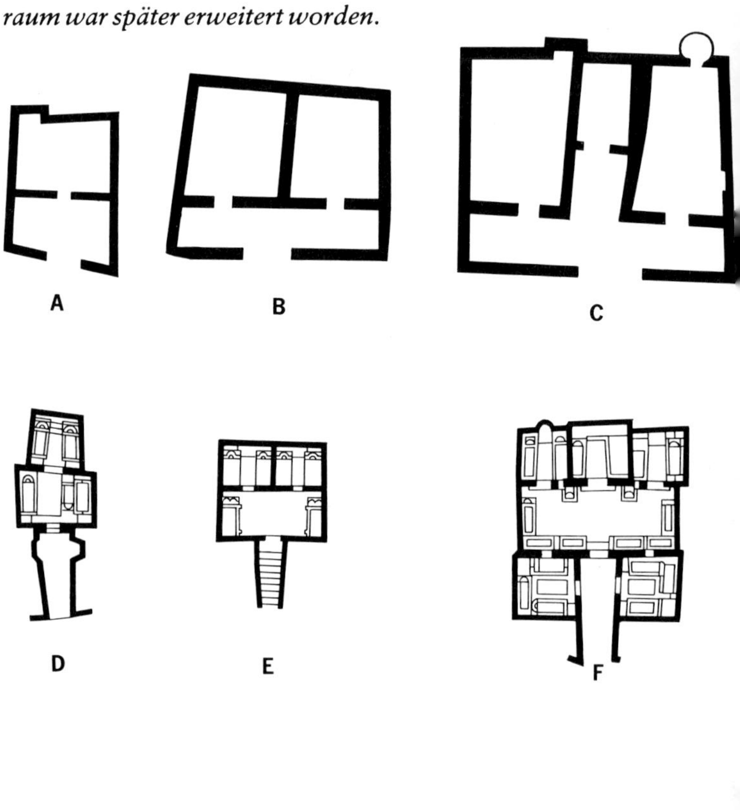

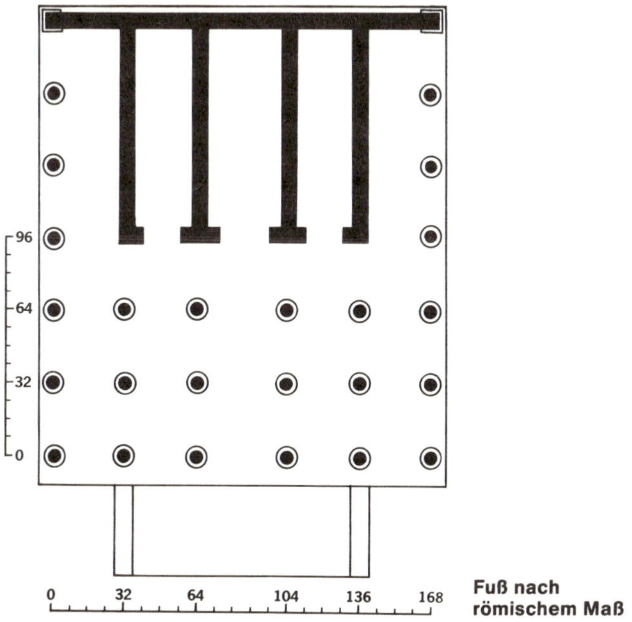

Oben: Die Tomba Giuseppe Moretti – das größte archaische Grab in Cerveteri – aus der zweiten Hälfte des 6. Jahrhunderts v. Chr. besteht aus einem kurzen Dromos mit zwei Seitenzellen, dem großen Atrium oder Breitraum (im Bild) mit tuskanischen Säulen, flacher Balkendecke und dorischen Portalen.

ihre Mitglieder nach ihrem Eigentum und folglich ihrer Fähigkeit, als Soldaten dem Staat zu dienen, klassifiziert.

Die Gestalt des „Tyrannenbefreiers“, der das vom alten Landadel kontrollierte System abschafft und dem Staat neue Kräfte zuführt, erscheint auch in den großen städtischen Gemeinden des südlichen Etrurien. Von einer derartigen Person wird in der Tat auf Phönizisch und Etruskisch in einer Widmungsinschrift aus dem späten 6. Jahrhundert berichtet, die auf goldenen Platten im Heiligtum in Pyrgi, einem der Häfen von Caere, gefunden worden war. Die Übersetzung des phönizischen Texts lautet: „Dies ist das Heiligtum, das Thefarie Velianas, Herrscher von Caere, erbaut und unserer Herrin Astarte gewidmet hat im Monat der Opferdarbringung der Sonne, als eine Gabe im Heiligtum. Ich [Thefarie Velianas] habe es erbaut, weil Astarte dies im dritten Jahr meines Königtums von mir verlangt hat, im Monat *krr,* am Tag des Begräbnisses der Göttin.“

Die entsprechende Inschrift im Etruskischen ist nicht so leicht zu verstehen, sie bringt aber die gleiche Information: Thefarie Velianas hat einen Votivtempel und eine Statue der Uni geweiht (die bedeutendste etruskische Göttin und die Entsprechung zur phönizischen Astarte). Die Gründe für diese Widmung sind bei beiden Texten durch die öffentlichen Ämter gegeben, die Thefarie Velianas vermutlich innehatte. Es scheint, daß er in Cerveteri ein Amt versah, das nicht in jährlichem Turnus wechselte (das entsprechende etruskische Wort ist *zilac*), und daß er unter dem Schutz einer Göttin stand. Einer Überzeugung orientalischer Herkunft entsprechend – von lebenswichtiger Bedeutung für die griechischen Tyrannen dieser Periode –, besaß er eine von der Göttin verliehene charismatische Macht. Diese religiöse Autorität begründete auch die politische Stellung des Tyrannen – nicht zuletzt dank der Unterstützung jener sozialen Gruppen, die keine politischen Rechte besaßen.

Servius Tullius' Stellung in Rom wirft auch einiges Licht auf Etrurien. Er bemächtigte sich des römischen Throns, indem er

Links: Die Grundmauern von Marzabotto zeigen die regelmäßige Anlage der einzelnen Wohnhäuser, deren Räume einen Innenhof umschlossen. Die der Straße zugewandten Zimmer wurden häufig als Läden oder Werkstätten genutzt.

Unten: Impastohelm aus einem eisenzeitlichen Brandgrab in Tarquinia (Museo Archeologico, Florenz). Der Helm diente als Urnendeckel und war Symbol für den sozialen Rang des Bestatteten.

sich unberechtigterweise auf seine Abstammung von den Tarquinii berief. Sein etruskischer Name, *Macstrna,* kann mit dem lateinischen *magister* (Leiter oder Führer) in Verbindung gebracht werden – wobei dieser Ausdruck in erster Linie einen militärischen Führer bezeichnet. Lateinische Quellen berichten, daß „er allen Bürgern die Freiheit garantiert" habe. Seine Reformen betrafen zwar in erster Linie die römische Armee, aber sie brachten auch Neuerungen allgemeineren Charakters. Alle Bürger, die genügend Mittel nachweisen konnten (berechnet hauptsächlich anhand des Bodenbesitzes), waren wehr- und – wenn notwendig – steuerpflichtig. Das besitzlose Proletariat hingegen mußte keinen Wehrdienst leisten. Die bemittelten Schichten wurden nach ihrem Vermögen in fünf Gruppen eingeteilt, die in Zenturien gegliedert waren. Insgesamt gab es 170 Zenturien, 98 davon bestanden aus den sehr Reichen und den Adligen, und diese nahmen an den Wahlversammlungen teil, bei denen die bedeutendsten Magistraten gewählt und Gesetze verabschiedet wurden. Die Musterung der Wehrpflichtigen erfolgte auf territorialer Basis in den städtischen und ländlichen Bezirken, die die neueste Gliederung Roms respektierten: die Stadt war jetzt von Mauern umgeben und nicht mehr dreigeteilt, wie es zuvor üblich gewesen war.

Eine ähnliche Organisation dürfte auch in Etrurien bestanden haben. Festus, ein römischer Chronist des 2. Jahrhunderts n. Chr., erwähnt nämlich eine Zusammenfassung der etruskischen Ritenbücher und sagt: Diese Bücher beschreiben „die bei der Stadtgründung stattfindenden Riten, die Altar- und Tempelweihe, die Unverletzlichkeit, die man den Stadtmauern zuschrieb, die Art der Organisation der Tribuen, Zenturien und Kurien, wie die Armeen aufgestellt und organisiert werden und ähnliche Angelegenheiten, die die Kriegs- und Friedenszeiten betreffen".

Das etruskische Recht war in diesen Büchern niedergelegt. Zum einen war das Stadtareal heilig, weil auch die Verteilung des Landbesitzes als sakrosankt galt, zum andern stützte sich das Verwaltungsrecht auf die Organisation der Armee, wie dies auch bei den Reformen von Servius Tullius der Fall war. Und wie in Rom war die Voraussetzung für die Wehrpflicht die Fähigkeit jedes einzelnen, sich selbst mit Helm, Brustplatte, Beinschutz, Schild, Lanze und Speer ausrüsten zu können. Kaum fünfzig Jahre früher war diese griechische Art der Bewaffnung noch das Vorrecht der Anführer und ihrer Gefolgschaft gewesen, hatte sich nun aber beinahe allgemein durchgesetzt, da die schwerbewaffnete Infanterie eine ausschlaggebende Rolle in der damaligen Taktik spielte.

Die stadtähnliche, geplante Anlage der Grabstätten in Cerveteri und Orvieto belegt, daß die Bürger einer neuen sozialen Klasse angehörten. Die Zeit der monumentalen Tumuli war vorbei und damit auch die des aristokratischen „Oberhaupts". Die Stadt ist ein nur von Bürgern bewohntes sakrales Gebiet, das vom Rest des Territoriums mit Mauern abgegrenzt ist. Ausländern – insbesondere den Kaufleuten – sind außerhalb der Stadt liegende Grundstücke für ihre Tätigkeit und ihre religiösen Riten reserviert. War der Handel zuvor ein Unterfangen privater Initiative gewesen, wurde er nun stren-

gen Verordnungen unterworfen, die wahrscheinlich von den Stadtbehörden erlassen wurden.

Nach den römischen Geschichtsschreibern soll Servius Tullius auch die ersten verbindlichen „Maß- und Gewichtseinheiten" eingeführt haben. Er war der erste, der „die Bronze mit Stempeln versah". Er benutzte also den Stempel als Signum staatlicher Macht, um den Wert der als Zahlungsmittel verwendeten Bronze zu garantieren. Tatsächlich waren in Etrurien und Latium in der zweiten Hälfte des 6. Jahrhunderts Bronzebarren von unterschiedlichem Gewicht im Umlauf, die einen Prägestempel in Form eines dürren Zweigleins tragen. Sie wurden hauptsächlich in den von den Etruskern kolonisierten Gebieten – der kampanischen Küste und Zentral- und Westitalien –, aber auch so weit entfernt wie in Sizilien – Gela – und Kroatien gefunden. Der Staat garantierte also die Qualität und damit den Handelswert dieser Bronzebarren, die als begehrtes Rohmaterial nun als Vorläufer von Münzen verwendet wurden.

Geprägte Münzen dürften vorerst nur begrenzt als Zahlungsmittel akzeptiert worden sein. Sie wurden immer aus Edelmetallen geschlagen, hauptsächlich aus Gold und Silber, und finden sich vereinzelt in den großen Handelszentren wie Populonia und Vulci. Vielleicht waren sie von Wohlhabenden für besondere Anlässe ausgegeben worden; allgemein durchgesetzt haben sie sich erst wesentlich später.

In der zweiten Hälfte des 6. Jahrhunderts waren also die Städte der Mittelpunkt des Lebens, da sich hier die staatliche Autorität und der Handel konzentrierten. Die etruskische Stadt wurde nun nach dem Vorbild des griechischen Stadtstaats, der *polis,* organisiert. Man übernahm nicht nur die äußerlichen Kennzeichen ihrer im Religiösen wurzelnden Anlage – die etruskischen Götter gleichen jetzt immer stärker griechischen Kultfiguren –, sondern auch die säkulare Organisation, insbesondere jene der herrschenden Klassen, entsprach nun jener der griechischen Kolonialstädte.

Dies erklärt die bereits erwähnte Veränderung in der Bevöl-

Links: Bronzeurne aus Bisenzio, Ende 8. Jahrhundert v. Chr. (Museo di Villa Giulia, Rom). Krieger und Bauern umtanzen eine Totem-Tierfigur, an die ein Gefangener gekettet ist. Die Tänzer könnten die verschiedenen sozialen Gruppen der späteisenzeitlichen Gesellschaft verkörpern.

Rechts: Bronzenes Pferdegebiß, vermutlich aus einem Grab der zweiten Hälfte des 8. Jahrhunderts v. Chr. (Museo di Villa Giulia, Rom), das als Grabbeigabe die soziale und militärische Stellung des Verstorbenen anzeigte.

Unten: Terrakotta-Akroter (Tempelgiebelbekrönung) vom „Palast" von Murlo, um 550 v. Chr. (Palazzo Comunale, Siena). Die herrscherliche Figur trug vermutlich die Insignien ihres Amts in den Händen. Solche in Reihungen auf dem First aufgestellte Plastiken sollten möglicherweise die Ahnen der fürstlichen Familie verkörpern.

kerungsverteilung. Die kleinern Orte, die immer noch in alter Weise von Adligen regiert wurden, wurden oft als Folge von Aufständen und Fehden zerstört, und manche Gebiete entvölkerten sich, weil ganze vom Adel beherrschte Gemeinschaften in die großen Städte zogen.

In den römischen Annalen wird beispielsweise ein Sabiner namens Actus Clausus erwähnt. Er war Vorfahre des bekannten Appius Claudius, „mächtig wegen seines Reichtums und berühmt für seine außerordentliche Stärke, ragte er aber unter seinen Zeitgenossen vor allem durch den Ruf seiner Tugend und seiner rednerischen Gewalt empor". Im Jahr 504 siedelte Actus Clausus nach Rom über, vermutlich wegen der innern Zwistigkeiten in seiner Geburtsstadt. Plutarch berichtet, daß er fünftausend Familien gesammelt habe und in Rom von Publicola gut empfangen worden sei. Publicola verlieh den eingewanderten Familien sofort Bürgerrechte und jeder zwei *iugera* Ackerfläche (etwa 5000 Quadratmeter) am Fluß Aniene. Actus Clausus erhielt 25 *iugera* und wurde sofort Mitglied des Senats – des wichtigsten Regierungsorgans. Ungeachtet des legendenhaft gehaltenen Berichts ist seine Aussage eindeutig: Die Bevölkerung des Stadtstaats wurde auf friedlichem Weg – sozusagen durch Eingemeindung – vermehrt. Die Privilegien ihres Anführers wurden anerkannt, indem er in den Ältestenrat aufgenommen wurde, während seine Untergebenen das Bürgerrecht und Landbesitz erhielten.

Actus Clausus gehörte dem Landadel an – einer Klasse, die anscheinend eine entscheidende Rolle beim Entstehen des römischen Staats spielte. Ihre Interessen gerieten jedoch zunehmend in Konflikt mit jenen einer neuen, aktiveren Gruppe, deren wirtschaftliche Macht nicht nur auf dem Landbesitz ruhte, sondern auch auf Kapital und durch Handel erworbenem Gut. Der Aufstieg dieser Plebejerklasse wurde wesentlich durch den Niedergang des Handels gebremst, der Rom und die etruskischen Küstenstädte nach der Schlacht bei Cumae betroffen hatte. Im Lauf des 5. und zu Anfang des 4. Jahrhunderts erstritten sich die römischen Plebejer im sogenannten Ständekampf mehr Rechte, und an seinem Ende standen sie politisch und privatrechtlich auf gleicher Stufe wie die Patrizier, mit in der Verfassung verankerten Rechten. In den etruskischen Städten blieb jedoch die Zweiklassen-Gesellschaft mit ihren Gegensätzen bestehen. Nur in den Kolonialsiedlungen – insbesondere jenen der Emilia (Marzabotto und Spina) – bietet die Struktur der Stadtanlage Hinweise dafür, daß die größte soziale Gruppe aus einer wirtschaftlich produktiven Schicht bestand, die ihren Lebensunterhalt durch den Land- und Seehandel bestritten hatte.

Die etruskische Expansion nach Norditalien wurde nach den literarischen Quellen von Binnenstädten wie Perugia und nach archäologischen Belegen von Orvieto, Chiusi und Volterra angeregt. Das neue Territorium eignete sich besonders dazu, einer neuen, aufsteigenden Klasse bestimmte Handelsaktivitäten zu ermöglichen, so daß diese die Herrschaft in den Mutterstädten bereitwillig dem alten Landadel überließ.

Adlige und Sklaven

Nachdem die etruskische Dynastie in Rom ein Ende gefunden hatte, scheint der junge Staat seine Aufmerksamkeit auf das Gebiet von Latium konzentriert zu haben, wo er bald in rascher Folge territoriale Zugewinne erzielen sollte. Die öffentlichen Funktionen des Königs beschränkten sich ausschließlich auf den Bereich der Religion: die politische Macht hatten zuerst ein und dann zwei Beamte inne – die künftigen Konsuln.

Über die soziale und politische Struktur Etruriens – insbesondere seiner staatlichen Institutionen – in dieser Zeit sind zuwenig Texte oder Berichte erhalten, um ein klares Bild der etruskischen Gesellschaft vom 4. Jahrhundert bis zur Zeit der Eingliederung in die Römische Republik zu liefern. Die bereits erwähnte Wirtschaftskrise des 5. Jahrhunderts berührte hauptsächlich den Handel. Sie bewog vermutlich den städtischen Adel dazu, die wirtschaftlichen Möglichkeiten der Landwirtschaft unter einem neuen Gesichtspunkt zu sehen. Darauf weisen zumindest die Landerschließung und die Bewässerungswerke hin, die die Stadt Veji auf ihren Landgütern im 5. Jahrhundert durchführte. Anders als in Rom entstand hier aber keine Plebejerklasse neben dem landbesitzenden Patriziat. Im Gegenteil, alle geschriebenen Quellen stimmen darin überein, daß es in Etrurien einerseits die Adligen (lateinisch *principes,* griechisch *despotai*), anderseits die Dienerklasse (*servi* beziehungsweise *oikétai*) gab.

Die staatlichen Institutionen waren ungefähr wie folgt organisiert: Die höchste politische Macht im Staat hatte der König inne (in Caere gab es einen König am Ende des 5. Jahrhunderts, und obwohl das Königtum in Veji 432 v. Chr. erlosch, wurde das Amt dreißig Jahre später wieder eingeführt). In Staaten ohne König war der *princeps civilitatis* der oberste Staatsbeamte. Die politische Entscheidungsgewalt auf der Ebene des Stadtstaats war also in den Händen eines einzelnen konzentriert. In ähnlicher Weise ernannte die Versammlung der zwölf etruskischen Völker im Rahmen des

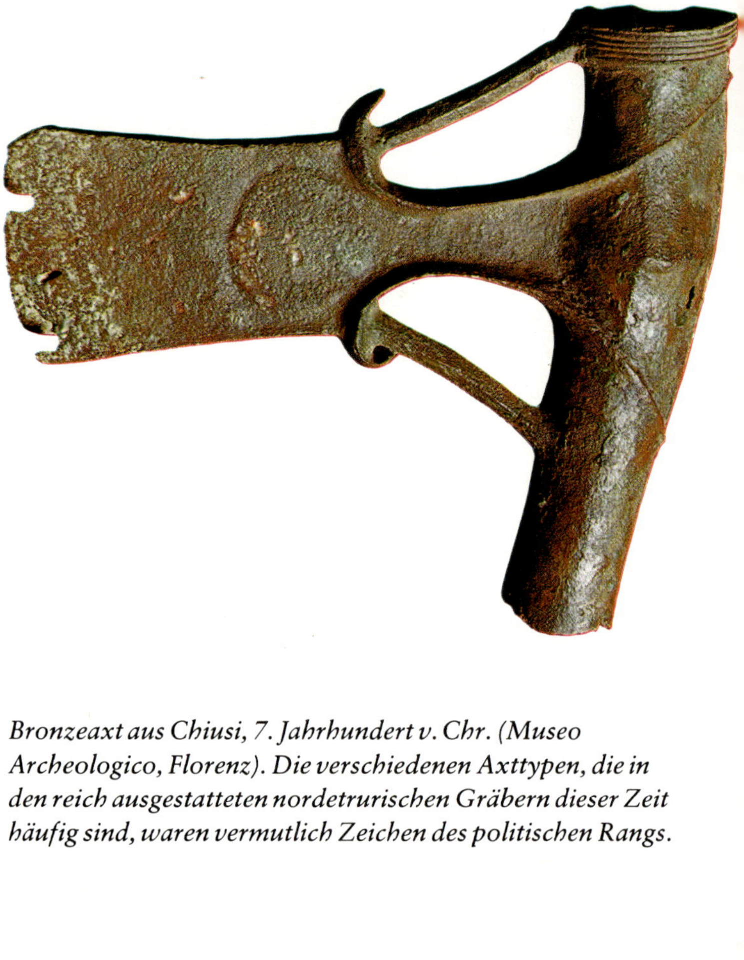

Bronzeaxt aus Chiusi, 7. Jahrhundert v. Chr. (Museo Archeologico, Florenz). Die verschiedenen Axttypen, die in den reich ausgestatteten nordetrurischen Gräbern dieser Zeit häufig sind, waren vermutlich Zeichen des politischen Rangs.

etruskischen Bundes einen einzigen Beamten, der wenn nötig auch Befehlshaber der Armee war. 413 v. Chr. bekleidete zum Beispiel ein Adliger aus Tarquinia, Velthur Spurinna, dieses Amt: er führte eine etruskische Hilfstruppe an, um den Athenern bei der Belagerung von Syrakus beizustehen.

Während die Klasse der *principes* zahlenmäßig kaum ins Gewicht fiel, gab es in Etrurien eine bedeutende Sklavenschicht, die gelegentlich in ihrem Kampf um bestimmte Rechte auf die geschichtliche Bühne trat. In Arezzo ist eine Revolte in der Mitte des 4. Jahrhunderts belegt – eine andere brach 301 v. Chr. aus. Spätere Revolten sind aus Volsinii, Roselle und der nicht identifizierten Stadt Oinarea überliefert. Die Aufständischen waren wahrscheinlich städtische Sklaven, deren Lebensstandard sich von dem der ländlichen Leibeigenen beträchtlich unterschied. Nach einem griechischen Philosophen aus der zweiten Hälfte des 2. Jahrhunderts v. Chr. waren die erstern ziemlich gut gekleidet und gebildet, während die zweiten von Titus Livius als halbe Barbaren beschrieben werden. Diese Aufstände der städtischen *servi* zu Ende des 4. und anfangs des 5. Jahrhunderts blieben aber meist ergebnislos; erst im 2. Jahrhundert, nachdem das Land um Chiusi und Perugia von Gruppen gebildeter Bauern neu besiedelt worden war, brachten die 196 v. Chr. neu ausgebrochenen Aufstände dauernde Resultate.

In dieser Region lautet das etruskische Wort für den sozialen Rang des Sklaven *lautni*. Der Terminus ist etymologisch mit dem Wort für Familie *(lautn)* verwandt. Dies zeigt, daß der Sklave Bestandteil des Familienbesitzes als kleinster wirtschaftlicher Einheit war. Freigelassene Sklaven wurden in römischer Zeit *liberti* genannt. Da sie als Leibeigene nur einen

Terrakottafriese an Sakral- und Profanbauten der ersten Hälfte des 6. Jahrhunderts zeigen meist Szenen aus dem Leben des Adels.

Oben: Die Krieger auf dem Fries der Akropolis in Veji verraten mit ihren Rundschilden und Federbuschhelmen den griechischen Einfluß (Museo di Villa Giulia, Rom).

Unten: Das Flachrelief vom „Palast" in Murlo zeigt zwei sitzende Herrscher mit ihren Insignien (ganz rechts ein lituus*), die von Sklaven bedient werden (Palazzo Comunale, Siena).*

Vornamen hatten, wählten sie nach ihrer Freilassung den Vornamen des Vaters als Familiennamen.

Bedeutend gewichtiger war die Klasse der Freien. Sie hatten keine politischen Rechte, ihr Status entsprach demjenigen, den Dionysios von Halikarnassos mit jenem der nicht gleichberechtigten Einheimischen oder *pernesti* von Thessalien verglichen hatte. Mehr als ein Viertel der Grabinschriften des 2. Jahrhunderts beziehen sich auf diese Gesellschaftsschicht. Die Freien haben hier Namen, die sich nicht in das typische etruskische aristokratische Benennungssystem einfügen, sondern eher persönlichen Namen entsprechen, wie *Tite* (Titus) oder *Cae* (Caius) und dergleichen. Sie gehörten also nicht zum Adel, da sie keinen Familiennamen hatten. Ihr Status entsprach etwa jenem der römischen Plebejer, die als *gentem non habent* (die keine Familie haben) bezeichnet wurden. Nachdem ihre Rechte – wie erwähnt – nach den Revolten von 196 v. Chr. anerkannt worden waren, mußten sie einen Familiennamen wählen, der nicht bereits beim Adel üblich war.

In Inneretrurien finden sich zahlreiche Belege für den sozialen Status der niedern Stände und für ihre allmähliche Emanzipation, die auch Landbesitz und -nutzung beeinflußt haben dürfte. Die Städte Südetruriens liefern hingegen mehr Informationen über die Entwicklung der staatlichen Institutionen vom 4. Jahrhundert an. In Südetrurien scheint der Adel weniger geneigt gewesen zu sein, den Leibeigenen Rechte einzuräumen (die Sklaven sind auch selten in Grabinschriften belegt). Auf den Gütern wurden vermutlich überwiegend fremde, auf den Märkten des Ostens gekaufte Knechte und Mägde beschäftigt, wie sie etwa Plutarch in seiner Lebensbeschreibung des Tiberius Gracchus erwähnt.

Leider ist anhand der zur Verfügung stehenden Belege kein

Links oben: Dieses Relief auf einem Sarkophag des 2. Jahrhunderts v. Chr. aus Tuscania (Musei Vaticani) zeigt einen Magistraten mit Gefolge.

Links unten: Blick in die Tomba Giglioli in Tarquinia (um 300 v. Chr.). Die Wappenzeichen „Eber" und „Meßzirkel" auf den Schilden finden sich auch auf zeitgenössischen tarquinischen Münzen.

Rechts: Grabstele des Avile Tite *aus Volterra, 540–520 v. Chr. (Museo Guarnacci, Volterra). Die Inschrift sowie Speer und Schwert als soldatische Insignien zeigen, daß der Mann ein „Anführer" war.*

Vorhergehende Doppelseite: Die Tomba della Caccia e Pesca in Tarquinia (um 530 v. Chr.). Diese Bankettszene schmückt den Giebel über dem Wandbild mit Vogeljagd- und Fischfangszenen (vgl. Seite 50). Die Rangunterschiede sind durch die Dimensionen der Figuren wiedergegeben.

vollständiges Bild der staatlichen Institutionen der Etrusker zu ermitteln. Das etruskische Wort für den lateinischen *princeps civilitatis* scheint *zilat(h)* oder *zilac(h)* zu sein – ein Terminus, der in Tarquinia um die Mitte des 4. Jahrhunderts einen für ein Jahr ernannten Beamten bezeichnete. Der Name des Beamten zeigte – wie bei den römischen Konsuln – das Jahr an; der Posten konnte schon von jungen Männern und auch mehrfach bekleidet werden. Der Titel *zilath* hatte freilich eine Reihe von Attributen *(marunuchva, cechaneri, parchis, eterau),* die vermuten lassen, daß es in Tarquinia ein Magistratenkollegium gab, in dem jeder fest umrissene Pflichten und Verantwortungen hatte, wie beispielsweise die athenischen Archonten. Einer war möglicherweise für die jungen Menschen verantwortlich *(zilath eterau,* sofern *eterau* „jung" bedeutet). Ein anderer, *zilc marunuchva,* war wohl mit der Leitung anderer Beamtenabteilungen betraut (wenn *marunu* das Äquivalent des lateinischen *quaestor* sein sollte). Im gesamtnationalen Rahmen gab es die Stellung eines *zilath mechl*

Hochrelief an einer Urne des späten 2. Jahrhunderts v. Chr. aus Volterra (Museo Guarnacci, Volterra) mit einer Gruppe Bewaffneter. Der „Offizier" rechts scheint sich von seinen Männern, die von zwei Hornbläsern und Fußvolk begleitet sind, für die Reise ins Jenseits zu verabschieden.

rasnal – es handelt sich um einen von der Bundesversammlung im Heiligtum von Voltumna gewählten Magistraten. Der lateinische Terminus für diesen Beamten war *praetor Etruriae,* und die Bezeichnung *praetor* sollte man in ihrer Grundbedeutung *prae-itor,* „der, der vorne geht“ oder „der, der als erster kommt“, auffassen. Die andern Titel des Magistraten waren *eprthne* und *marunu.* Es ist sehr wahrscheinlich, daß der zweite Titel finanzielle Aufgaben bezeichnete, wie sie der römische *quaestor* hatte.

Zusammenfassend kann gesagt werden, daß an der Spitze der etruskischen Staaten am Ende des 5. Jahrhunderts ein mit der politischen und vielleicht auch richterlichen Macht betrauter Magistrat stand, dem eine Reihe von zweitrangigen, für die Administration zuständigen Beamten behilflich waren. Der höchste Beamte wurde aus den Mitgliedern einer kleinen Gruppe Höchstrangiger gewählt (von den römischen Geschichtsschreibern *ordo principum* genannt). Es gab auch einen Ältestenrat, der ähnlich dem römischen Senat eine konsultative Rolle spielte. (Für Arezzo erwähnen die Quellen eine Körperschaft der *patres* der bedeutendsten Familien.)

Die Institutionen der etruskischen Staaten müssen also in groben Zügen mit jenen Roms vor dem Jahr 363 v. Chr. vergleichbar gewesen sein. Das heißt mit denjenigen, die Rom hatte, bevor die Plebs endgültig entscheidenden politischen Einfluß erlangte, indem eine der höchsten Positionen im Staat, die des Konsuls, einem Plebejer vorbehalten war.

Urnenrelief aus der ersten Hälfte des 1. Jahrhunderts v. Chr. aus Volterra (Museo Guarnacci, Volterra). Der Zug mit zwei Liktoren an der Spitze und einem Magistraten (kopflose Figur mit Schriftrolle in der Hand), vermutlich einem Mitglied des municipium *von Volterra, das zu dieser Zeit bereits unter römischer Verwaltung stand, zieht an zuschauenden Frauen und Kindern vorbei.*

Die etruskische Wirtschaft

Von der Subsistenz- zur städtischen Wirtschaft

Im letzten Kapitel wurde gezeigt, daß die Familie trotz der aufeinanderfolgenden Veränderungen der etruskischen Gesellschaft die grundlegende Produktionseinheit insbesondere in der Landwirtschaft blieb. Die eisenzeitlichen Dörfer mit ihrer Stammesstruktur hatten noch eine reine Subsistenzwirtschaft gekannt, die weitgehend autark war. Alles, was man benötigte, wurde selbst erzeugt und auch innerhalb der Gemeinde verbraucht. Eine zweite Phase brachte immerhin Kontakte mit den griechischen Kolonien und ihrer Kultur, mit dem Ergebnis, daß sich die Produktionsformen spezialisierten und daß die Arbeitsteilung über das vorher übliche Maß (Schmied, Töpfer, Priester usw.) hinausging. Die Spezialisierung führte zu einem Produktionszuwachs, der es notwendig machte, neue Märkte zu finden.

Damit verlagerte sich die Autorität vom Familienvater zu einem, der außerhalb der Familie stand und der seine Macht nutzte, um seinen Teil am Mehrprodukt zu fordern. Mit der Verfügungsgewalt über dieses Mehrprodukt wurde sein persönliches Prestige erhöht, da er es unter Abhängige oder andere, denen es fehlte, verteilen oder mit einem Gleichrangigen tauschen konnte. Diese Zeit der Feudalherrschaft wurde durch die Periode der städtischen Kultur abgelöst, die sich aus dem früheren System entwickelt hatte. Der Stadtstaat kontrollierte nämlich die verschiedenen Produktionsformen und räumte den einzelnen Anführern und Großgrundbesitzern bestimmte Rechte ein, die den Angehörigen der niedrigern Klassen, die über kein Land oder andere Produktionsmittel verfügten, verwehrt blieben. Diese Rechte wurden den Landbesitzern von einem Staat garantiert, den sie eigentlich selbst verkörperten, da sie ja sowohl den Rat der Anführer bildeten wie die Magistraten stellten.

Innerhalb dieser Bedingungen sind drei Aspekte des etruskischen Wirtschaftslebens von besonderem Interesse: zum einen die Landwirtschaft und das Problem des Eigentums an Grund und Boden, zum andern das Handwerk und die Entwicklung der Arbeitsteilung und drittens der Handel als Mittel zur Verwertung des Mehrprodukts.

Schwerfällige einachsige Ochsenkarren waren die ersten Gefährte nach Erfindung des Rads und finden sich in frühen eisenzeitlichen Gräbern. Dieses Tonmodell stammt aus Tarquinia (Museo Archeologico, Florenz).

Landwirtschaft und Eigentum an Grund und Boden

Das landläufige Bild der Etrusker als Piratenvolk – Seeräuberei war für die Antike ja eine weitverbreitete Form des Seehandels – mag ein Grund gewesen sein, die Bedeutung ihrer Landwirtschaft zu unterschätzen. Tatsächlich spielte diese in der Entwicklung der etruskischen Kultur eine entscheidende Rolle. Einige Hinweise auf die Anfangszeit des Urbanisierungsprozesses – und gleichzeitig auf das Gewicht des Akkerbaus – liefern die die Gründung einer etruskischen Stadt begleitenden Riten, wie sie in römischen Berichten beschrieben sind: Die Lage der Umgrenzungsmauer wurde mit einer bronzenen Pflugschar umrissen. Die ersten Früchte und Gemüse brachte man den Göttern im *mundus* oder Opfergraben dar, der dadurch zu einem wichtigen Kultplatz für die Bürger wurde. Dies zeigt, daß die etruskische Gesellschaft noch in der Verstädterungsphase den Ackerbau als das ansah, was die Menschen eigentlich zusammengebracht hatte.

Der enge Zusammenhang von Bodenbesitz und Urbanisierung ist auch aus einigen zwar späten, aber bedeutenden literarischen Quellen zu ersehen, die Wesen und Umfang des privaten Besitzes legendären Figuren zuschreiben:

Tarchon, der mythische Gründer von Tarquinia, umgab sein Land mit einer Rebenhecke, um es vor Jupiters Blitzen zu schützen. Obwohl seine Aktion offensichtlich auf die Abwendung des göttlichen Zorns zielte, umfaßte sie auch die Abgrenzung seines Besitzes und war damit ein Beitrag zur Organisation der Gemeinschaft.

In der lateinischen Sammlung der *Gromatici veteres* sagt die Nymphe Vegoia – eine der Gottheiten, die den Etruskern die Kenntnisse und Fertigkeiten enthüllten – dem Arruns Veltumnus ganz klar:

„Du sollst wissen, daß die See einmal vom Himmel abgesondert wurde. Als Jupiter nachher das Land von Etrurien für sich beanspruchte, bestimmte und befahl er, daß seine Felder vermessen und die Grenzen der bestellten Flächen festgelegt werden sollten. Da er die Gier der Menschen und ihr Verlangen nach Land kannte, beharrte er darauf, daß alles aufgeteilt werde und die Grenzen umrissen würden.

Es wird aber gegen Ende des 8. Jahrhunderts eine Zeit kommen, da jemand, von Gier überwältigt, die Teilungen antasten und störend in sie eingreifen wird, und man wird widerrechtlich die Grenzsteine berühren und versetzen. Jeder aber, der sie berührt oder versetzt, um seinen eigenen Besitz zu vergrößern und den der andern zu vermindern, wird bestraft werden.

Sollte dies von Leibeigenen ausgeführt werden, sollen sie schlechter gehalten werden; tun sie es aber mit Hilfe ihres Herrn, wird sein Haus bald vernichtet und seine ganze Familie ausgerottet werden.

Der Schuldige wird von fürchterlichen Krankheiten heimgesucht werden, die ihn aufs äußerste schwächen. Die Erde wird von Stürmen und Überschwemmungen heimgesucht werden, die sie ins Verderben stürzen. Die Ernten werden vom Regen und Hagel zerschlagen, von der Hitze der Sonne versengt und vom Schimmel vernichtet werden. Es wird einen großen Kampf unter den Bürgern geben. Wisse, daß dies dann geschieht, wenn die aufgezählten Verbrechen verübt werden. Aus diesem Grund sollst du weder falsch sein noch mit zwei Zungen reden. Du sollst diese Belehrung im Gedächtnis behalten."

Die geschichtliche Situation, die diesem Dokument zugrunde liegt, wurde hinreichend geklärt. Im Jahr 90 v. Chr. stand in Rom eine Neuverteilung des Landes auf dem Programm, die das Kolonisationssystem, das im Verlauf des 2. Jahrhunderts im Land um Chiusi und Perugia eingeführt worden war, ernstlich gefährdete. Nach einer Reihe von Konflikten wurde die Bewirtschaftung des Bodens in diesen beiden Gebieten zum Teil auch Leibeigenen übertragen, die möglicherweise direkt Rom unterstellt waren. Der mit „Ende des 8. Jahrhun-

derts“ bezeichnete Zeitpunkt scheint nach dem etruskischen Kalender dem Anfang des 1. Jahrhunderts v. Chr. in unserer Zeitrechnung zu entsprechen.

Die in dieser Prophezeiung bekundete Weltsicht ist ziemlich eindeutig. Die kosmische Ordnung, die auf das Chaos folgte, entstand nach dem Willen des höchsten Gottes Tinia (dem etruskischen Äquivalent für Zeus oder Jupiter). Sie spiegelt sich in der spezifischen Form der Landteilung wider. Wer diese Ordnung umstößt, löst einen Prozeß aus, der das gesellschaftliche Gleichgewicht auf allen Ebenen verändert. Das Recht auf Eigentum ist durch unveränderliche Gesetze festgelegt, weil es gottgewollt ist; und die greifbaren Symbole dieses Rechts sind eben die Grenzsteine. Tatsächlich gibt es im innern Etrurien eine Anzahl von Grenzsteinen aus dem 2. Jahrhundert mit Inschriften, die das abgesteckte Territorium als unter der Rechtsprechung des Volkes *(tular rasnal:* „Grenzen Etruriens“), des Stadtterritoriums *(tular spular:* „Stadtgrenzen“) oder von Individuen *(tular alfil:* „Grenzen des Eigentums der Alfii“) stehend bezeichnen.

Die erwähnten Veränderungen der Besitzverhältnisse fanden selbstverständlich zu einem bestimmten geschichtlichen Zeitpunkt statt. Es muß allerdings eine längere Periode allmählicher Veränderungen vorangegangen sein, in der sich eine neue Sicht der Landbesitzrechte und des Verhältnisses Landbesitzer–Arbeiter entwickeln konnte, deren Existenz als verschiedene Klassen in der Prophezeiung der Vegoia bestätigt wird.

Dieser Prozeß begann mit der Entstehung der Städte beziehungsweise bereits mit den ersten Kontakten zwischen Etruskern und Siedlern. Vor der Urbanisierung war die Landwirtschaft – wie bereits erwähnt – reine Subsistenzwirtschaft mit sicherlich recht schwankendem Ertrag, da weder Pflug noch Düngung bekannt gewesen sein dürften. Wahrscheinlich mit den griechischen Siedlern verbreiteten sich sowohl der von Ochsen gezogene Pflug wie das System einer Art Dreifelder-

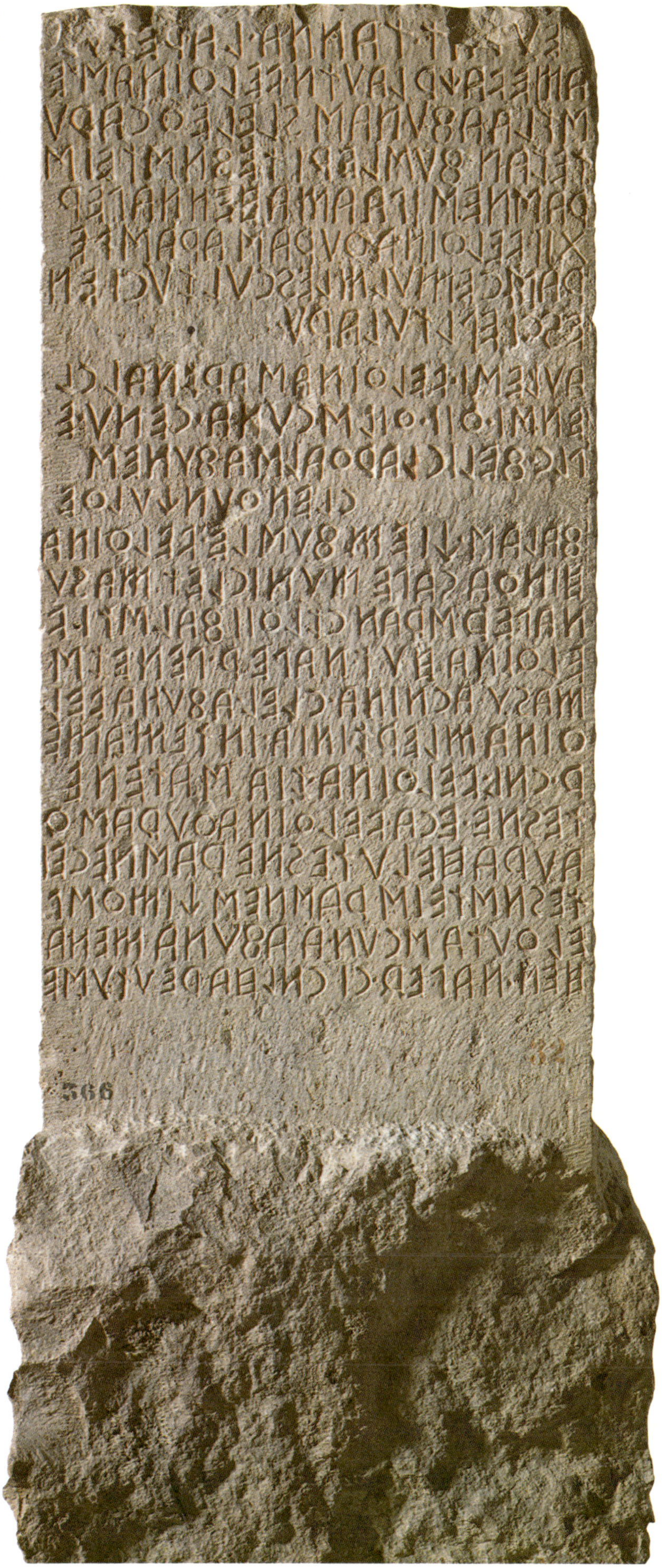

Rechts: Cippus oder Grenzstein eines Gutshofs in der Nähe von Perugia. Der Text beschreibt die Vereinbarung, die nach einem Grenzstreit zwischen den Perugianer Familien Afuna *und* Velthina *ausgehandelt worden war (2. Jahrhundert v. Chr., Museo Archeologico, Perugia).*

Links: Bronzepflug aus Talamone (Museo Archeologico, Florenz). Das Votivmodell ist mit dem Joch erhalten und gehört zu dem Schatz, der unweit des Schlachtfelds von Telamon gefunden wurde, wo die Römer 225 v. Chr. den Vormarsch der Gallier stoppten.

Oben: Der „Ponte Sodo“ in Veji. Die Wasser eines Arms des Cremera wurden durch diesen Tunnel geführt. Durch Schächte über dem Gewölbe konnte das Wasser von oben geschöpft werden. Die Anlage ist Teil der Erschließungs- und Bewässerungsprojekte dieser Region im 5. Jahrhundert v. Chr.

wirtschaft, bei der die Äcker ein Jahr oder länger brach lagen oder als Gemüseanbauflächen und Weideland genutzt wurden. Nun wurde es notwendig, auch das Brachland als Besitz zu kennzeichnen, da man nicht mehr nur das eine, offensichtlich bestellte Feld besaß. Zu dieser Zeit kam es vermutlich zu den Auseinandersetzungen der Familien und Gemeinden über Eigenbesitz, gemeinsam genutztes Land, Leibeigeneneinsatz und die Absatzmöglichkeiten für den erzeugten Überschuß.

Die bei der Vermessung und Teilung des Landes angewandte Methode muß von den griechischen Siedlern übernommen worden sein. Dies belegt schon die Tatsache, daß das von den römischen Landaufsehern dazu benutzte Instrument *groma* hieß. Hätten die Römer das Wort unmittelbar aus dem Griechischen übernommen, würde es *gnoma* lauten. Der *gn-gr*-Wechsel erfolgte auf dem Umweg über das Etruskische; die Etrusker müssen es also auch benutzt haben. Noch bezeichnender ist, daß am Ende des 2. Jahrhunderts v. Chr. – als die römische Literatur als bedeutendes neues Genre Bücher über Landwirtschaft aufnahm – zwei Schriftsteller etruskischer Herkunft, Vater und Sohn Saserna, gleichzeitig mit den beiden bedeutendsten Vertretern dieser Richtung zur Zeit der Römischen Republik, mit Cato und Varro, hervortraten. Die beiden Etrusker scheinen dabei ihre persönliche Erfahrung beigesteuert zu haben. Das ihnen als Ideal vorschwebende Gut war klein und autark, sogar hinsichtlich der landwirtschaftlichen Geräte. Bis auf die Lebensmittelbehälter – seien sie für den Verkauf oder den unmittelbaren Verbrauch auf dem Gut bestimmt gewesen – mußte alles im Haus selbst hergestellt werden.

Es ist deshalb möglicherweise nicht nur Zufall, wenn eine derartige, aus dem 2. Jahrhundert stammende Villa (Gutshof) bei Blera in der Gegend von Viterbo gefunden wurde. Diese Villa verfügte sogar über einen eigenen Brennofen für Ziegel und Backsteine. Die im Territorium von Chiusi verstreuten Güter waren höchstwahrscheinlich von verwandter Art. Innerhalb dieser landwirtschaftlichen Einheiten war alles in höchstem Maß organisiert. Die Leistungsfähigkeit eines Landarbeiters wurde in Tageseinheiten ausgedrückt, er und

Rechts: Die berühmte Votivbronze eines Pflügers aus Arezzo, spätes 5. Jahrhundert v. Chr. (Museo di Villa Giulia, Rom).

Elfenbeinplättchen, das einen in einem Grab in Volsinii (Orvieto) gefundenen kleinen Schrein schmückte. Die Hirschhatz war möglicherweise ein jugendlichen Adligen vorbehaltener Sport (520–500 v. Chr., Museo Archeologico, Florenz).

seine Familie unterlagen strenger Aufsicht. Die Sasernas vertraten also die Vorzüge des mittelgroßen Gutshofs als Produktionseinheit zu einer Zeit, als die größte Gefahr für das hergebrachte System vom wachsenden Großgrundbesitz drohte.

Nach den klassischen Autoren war das ländliche Etrurien sehr reich. Und sie benutzten das Wort „reich“ sowohl in Bezug auf die menschliche Tätigkeit als auch auf die natürliche Fruchtbarkeit des Landes. Diese „reichen Felder von Etrurien“ *(opulenta Etruriae arva)* erweckten die Bewunderung eines zu Ende des 4. Jahrhunderts lebenden Römers, als er sie vom Gipfel des Monte Cimino aus betrachtete. Diese reichen Felder versorgten gewiß Rom in Hungersnöten, und sie belieferten die gegen Hannibal kämpfenden Truppen auf dem italienischen und dem afrikanischen Kriegsschauplatz. Als Diodorus Siculus einem griechischen Schriftsteller des späten 2. Jahrhunderts, der in Italien gewesen war, eine Beschreibung der Fruchtbarkeit des etrurischen Bodens entnahm, faßte er damit die in der Antike geläufige Ansicht zu diesem Thema zusammen:

„Die Erde ist sehr ertragreich, und durch den Einsatz, mit dem sie sie bestellen, können ihr die Einwohner einen Überfluß an Ertrag abgewinnen, der ihre eigenen Bedürfnisse übersteigt... Die Felder bestehen aus weiten Ebenen, von vielen Hügeln durchsetzt, und sind alle gut bestellt. Das Land ist fruchtbar, weil es im Sommer wie auch im Winter sehr feucht ist“ *(Diodorus Siculus* V, 40).

Diese Beschreibung scheint sich vor allem auf die Gebiete zu beziehen, die von Nebenflüssen des Tiber durchzogen waren, auf dem die bunte Palette landwirtschaftlicher Produkte nach Rom geschifft wurde. Weniger gültig ist sie für die Küstengebiete Etruriens, mit Ausnahme der Maremmenebene. In dem berühmten Brief Plinius' des Jüngern, den er am Ende des 1. Jahrhunderts n. Chr. einem Freund schrieb, schildert er den Anblick, den ihm seine etruskische Villa bot: Es gab bestellte Felder, mit Reben bedeckte Hügel und den Tiber im Hinter-

grund. „Der Fluß ist schiffbar", fügt Plinius hinzu, „und bringt im Winter und Frühling alle Sorten von landwirtschaftlichen Produkten nach Rom" *(Briefe,* V, 6).

Die literarischen Quellen scheinen auch die archäologischen Zeugnisse über die Landwirtschaft um Veji zu bestätigen. Nachdem die Gallier die Stadt Rom zu Beginn des 4. Jahrhunderts in Schutt und Asche gelegt hatten, spielten die Römer tatsächlich mit dem Gedanken, sich in dem vor kurzem eroberten Veji anzusiedeln, weil seine Umgebung weit fruchtbarer und für die extensive Landwirtschaft geeigneter war als das Umland Roms. In der Ebene wie an den Abhängen der Hügel lagen die Felder in gesundem Klima, und es gab keine nahen Sümpfe oder Flüsse, die die Morgenluft gekühlt hätten, jedoch reichlich Quellen frischen Wassers. Diese Beschreibung des Livius kann man mit den archäologischen Zeugnissen in Verbindung setzen, die von einer Landschaft mit verstreuten Höfen und kunstvoll dränierten Feldern sprechen. Dies weist auf eine so intensive, die Landschaft verän-

Ausschnitt aus dem großen Wandbild in der Tomba della Caccia e Pesca in Tarquinia (540–530 v. Chr.). Das Fresko verrät ostgriechischen Einfluß und zeigt vor allem die verschiedenen Fischfangmethoden.

dernde Bebauung hin, daß die direkte Beteiligung der Staatsgewalt unerläßlich gewesen sein dürfte.

Die vorhandenen paläobotanischen Zeugnisse für die Landwirtschaft Etruriens stammen aus dem Gebiet um den Monte Cetona – einer Gegend, deren Beschaffenheit die Entwicklung verschiedener Kultivationsmethoden ermöglichte. Das Getreide wurde am Fuß des Berges angebaut – dort sollte sich später das reiche Territorium von Chiusi erstrecken –, während Schaf- und Viehherden an den Berghängen weideten. Sowohl für die Gegend und den zeitlichen Abschnitt ist diese Art von Landwirtschaft eher ungewöhnlich, da Getreide von so hoher Qualität wie Nacktweizen auch in der Folgezeit eine Ausnahme ist (es handelt sich um das 1. Jahrtausend v. Chr.), während die weniger geschätzten Hülsenweizen, insbesondere der Dinkel und der Emmer *(Triticum dicoccum)* überwiegen. Diese Getreidetypen wurden neben Gerste und Hirse wie auch verschiedenen Hülsenfrüchten angebaut, die offensichtlich dank ihres Proteingehalts eine wichtige Rolle als Getreideersatz beziehungsweise als Grundnahrungsmittel spielten.

Im 8. Jahrhundert überwiegen immer noch verschiedene Hülsenweizensorten, so zum Beispiel in Luni sul Mignone, nicht zuletzt, weil sie anspruchsloser sind, während das Spektrum der Hülsenfrüchte vielfältiger geworden ist und auch Sorten umfaßt, die als Futterpflanzen angebaut werden. Die Tatsache, daß Weizen, anderes Getreide und Hülsenfrüchte in denselben Nahrungsmittelspeichern gefunden wurden, belegt zum einen, daß die vermutlich wie in Rom auf dem *puls* beruhende Ernährung – *puls* war eine Art Fladen aus in Wasser gekochtem Emmermehl – genügend Kalorien fürs Überleben bot. Zum andern zeigt das Vorhandensein von Hülsenfrüchten deutlich, daß das Brachesystem verbreitet war, da die Hülsenfrüchte- und Getreidekulturen einander ablösten. Der Anbau von Hülsenfrüchten ermöglichte auch das regelmäßige Umsetzen des Bodens, das für die spätere Getreideaussaat nötig war.

Der anspruchslose Emmer verträgt niedrige Temperaturen gut und gedeiht auch auf feuchten und nur unzulänglich vorbereiteten Böden. Diese Widerstandsfähigkeit schrieben die römischen Ackerbautheoretiker den schützenden Hülsenblättern zu. Auf jedes *iugerum* Land (ungefähr 2500 Quadratmeter) konnten 10 *modii* (87 Liter) Emmer-Saatgut ausgesät werden. Nach der Ernte wurden die Ähren geröstet – eine uralte Methode der Enthülsung – und konnten dann gedroschen werden (nach Plinius dem Ältern hatten die Etrusker dafür besondere Dreschflegel). Neben Emmer baute man aber auch um Chiusi wie um Arezzo und Pisa höher geschätzte Weizenarten wie etwa *siligo* an, aus dem schmackhafteres Brot gebacken werden konnte.

Der Rebbau wurde von den griechischen Siedlern nach Italien gebracht. Das Wort *vinum* dürfte in der Tat aus dem griechischen *oinos* abgeleitet worden sein. Die römischen Dichter der frühen Kaiserzeit haben zwar allzuviel die kampanischen Trauben oder die Weine aus der Poebene besungen, als daß sie sich auch mit den etruskischen Weinen befaßt hätten; Martial allerdings befand sie als zu leicht. Die Quellen beziehen sich jedoch auf ein zu spätes Stadium des Weinbaus, als daß ihre Informationen hier nützlich sein könnten. Im 4. Jahrhundert v. Chr. jedenfalls sprechen die griechischen Schriftsteller von den Etruskern beiderlei Geschlechts als schweren Säufern. Zu Beginn dieses Jahrhunderts soll nach einem solchen Bericht ein Mann aus Chiusi namens Arruns die Gallier überredet haben, in Italien einzufallen, indem er ihnen die hiesigen Weine anbot. Jedenfalls könnte der Weinbau, wie er auf den Wand- und Vasenmalereien des 6. und 5. Jahrhunderts v. Chr. dargestellt wird – bei dem die Ranken an Bäumen, Stangen oder Gittern aufgebunden sind – von den Etruskern stammen. Zumindest ist in Norditalien die Verwendung von Bäumen und Stangen als Stützen für die hochwachsenden Stöcke bis in unsere Tage gebräuchlich.

Es scheint, daß Wein seit früher historischer Zeit als Luxus betrachtet wurde und der Verbrauch deshalb Restriktionen unterlag. In Rom beispielsweise war er durch strenge Gesetze geregelt, die angeblich bis in die Zeit des Numa Pompilius zurückreichen. Zu Ende des 8. und im Verlauf des 7. Jahrhunderts wurde Wein aus Phönizien und Chios eingeführt, doch danach war die einheimische Produktion derart gestiegen, daß die Weine von Vulci bis nach Sizilien und nach Gallien exportiert wurden.

Die Olive wurde ebenfalls von den griechischen Siedlern nach Etrurien gebracht. Die etruskische Bezeichnung für Öl, *eleiva,* ist denn auch aus dem Dorischen *(elaiva)* übernommen. Das lateinische Wort *amurca* (Treber beziehungsweise der Bodensatz der gepreßten Oliven) stammt vom griechischen *amorga,* wobei die Lautwandlung von *o* zu *u* und *g* zu *c* über das Etruskische erfolgte. Wie der Wein wurde auch das Olivenöl als Luxus betrachtet und dürfte ursprünglich aus Phönizien eingeführt worden sein. Fest steht, daß man es schon zu Ende des 8. Jahrhunderts importierte, und zwar in Krügen attischer Provenienz. Wann man in Etrurien mit der Kultivation begann, ist nicht genau zu bestimmen. Ganze Oliven sind in einem Gefäß erhalten, das man in einem Grab in Cerveteri aus den Jahren 580–560 v. Chr. fand.

Oliven und Wein spielten jedoch in der Folge eine entscheidende Rolle in der etruskischen Landwirtschaft und wurden wichtigste Exportprodukte, mit denen anscheinend auch spekuliert wurde.

Zur Landwirtschaft gehörte natürlich auch die Viehzucht. Rinder beziehungsweise Büffel dienten in erster Linie als Zugtiere und erst in zweiter als Fleisch- und Milchlieferanten. Nach dem römischen Agronomen Columella waren die in Etrurien und Latium gezüchteten Ochsen zwar schwerfällig, aber hoher Arbeitsleistungen fähig, sicher deswegen, weil die Etrusker ihre Felder neunmal zu pflügen pflegten. Direkt der Ernährung diente hingegen das Schwein, dessen Fleisch auch gesalzen und geräuchert wurde. Das Schlachten der Schweine erfolgte in Verbindung mit besondern Riten. Über die Schafzucht ist wenig bekannt, sie dürfte aber bestimmt von grundlegender Bedeutung gewesen sein. Bei der Pferdezucht mußte man schon in archaischer Zeit eine bewußte Auslese gekannt haben, zumindest bei der Auswahl der für die Reiterei oder Reitkunst bestimmten Pferde.

Ganz oben: Aschenurne des späten 2. Jahrhunderts v. Chr. aus Volterra (Museo Guarnacci, Volterra) mit einer eher seltenen ländlichen Szene, in der ein Hirt zwei Pferde am Zaumzeug führt und eine Herde Schafe, Schweine und Rinder treibt.

Oben: Tonurne des 2. Jahrhunderts v. Chr. aus Chiusi (Museo Archeologico, Florenz). In den Grabmälern der Chiusaner Mittelschicht finden sich viele Kampfszenen, in denen immer wieder der mit einer Pflugschar kämpfende Landmann erscheint – vielleicht ein Echo der sozialen Auseinandersetzungen, die nach den römischen Geschichtsschreibern um 196 v. Chr. Etrurien erschütterten.

Die Landwirtschaft war also eine der tragenden Säulen der etruskischen Gesellschaft, und die Bewirtschaftungstechniken scheinen sich im Einklang mit der Entwicklung der sozialen Verhältnisse beziehungsweise als deren Grundlage verbessert zu haben. Die Einführung des Brachfeldersystems ist das erste Anzeichen einer Landteilung, die die Autarkie des eisenzeitlichen Dorfes aufhob. Der Beginn des Wein- und Olivenbaus führt zu noch höherer Spezialisierung, die der Landwirtschaft einen spekulativen Charakter verlieh. Der von der Nymphe Vegoia proklamierte Grundsatz der Unverletzlichkeit der Feldgrenzen und der von den Sasernas propagierte mittelgroße, von Leibeigenen bearbeitete Gutshof spiegeln eine sozial differenzierte Gesellschaft wider.

Handwerk und Kunst

Es ist eine verbreitete Meinung, daß ein Hauptziel der griechischen Besiedlung Kampaniens zumindest in ihrer Anfangsphase die Nutzung der Rohstoffvorkommen Etruriens war. Zwei kürzlich gemachte Entdeckungen scheinen diese Annahme zu bestätigen: Die Euböer, die sich zuerst auf Ischia niederließen, um später, um die Mitte des 8. Jahrhunderts v. Chr., eine Kolonie in Cumae zu gründen, verfügten über eine metallverarbeitende Industrie, die die Eisenerzvorkommen ihrer Heimat nutzte. Und in Ischia wurde Eisenerz entdeckt, das als elbisches Hämatit bestimmt werden konnte.

Von der Insel Elba und der Bedeutung ihrer Bodenschätze in der Antike berichtet neben andern auch Diodorus Siculus: „In der Nähe der Stadt Populonia befindet sich eine Insel, die Aithalia heißt, sie ist ungefähr 110 Stadien von der Küste entfernt, und ihr Name wurde wegen des sie überall umgebenden Rauches (griechisch *aithalos*) gewählt. Auf der Insel kommt nämlich in großen Mengen das Gestein Siderit vor, das man zerschlägt, um das Eisenschmelzen vorzubereiten; dieses Metall ist darin in großer Menge enthalten. Diejenigen, die sich mit dieser Arbeit befassen, zermahlen die Steine und erhitzen sie in kunstvoll aufgebauten Schmelzöfen; hier schmilzt das Metall unter der Einwirkung des Feuers und wird in mittelgroße Rohblöcke verringert, deren Form großen Meerschwämmen ähnelt. Diese Rohblöcke kann man in großen Mengen von den Händlern erwerben, die sie bis nach Dicaearchia [Pozzuoli] und andern Märkten bringen (*Biblioteca storica*, V, 13).

Im 1. Jahrhundert v. Chr. muß also die Metallgewinnung auf der Insel Elba beinahe vorindustriellen Charakter gehabt haben. Auch in Populonia gab es derartige Öfen. Dauernd betriebene Eisenhütten entstanden hier bereits im 4. Jahrhundert, und zwar außerhalb der Stadt im Bereich der großen alten Hügelgräber. Vom Kapfelsen aus erblickte der griechische Geograph Strabo zu Ende des 1. Jahrhunderts v. Chr. unter anderem auch die Schmelzöfen, in denen das auf der Insel geförderte Eisenerz verhüttet wurde.

Die Verteilung der toskanischen Bodenschätze und die Spuren alter Minen und Hütten zeigen, daß auch andere Erze gefördert wurden, vor allem Kupfer und möglicherweise

Die Eisenerzvorkommen der Insel Elba bildeten in etruskischer Zeit die Grundlage einer eigentlichen Bergbau- und Hüttenindustrie sowohl auf der Insel selbst wie besonders auch auf dem benachbarten Kap von Piombino, wo die Stadt Populonia entstand. Sie zog zahlreiche griechische Siedler und Kauffahrer an und war über Jahrhunderte Zentrum einer blühenden Metallindustrie (vgl. auch Karte Seite 54).

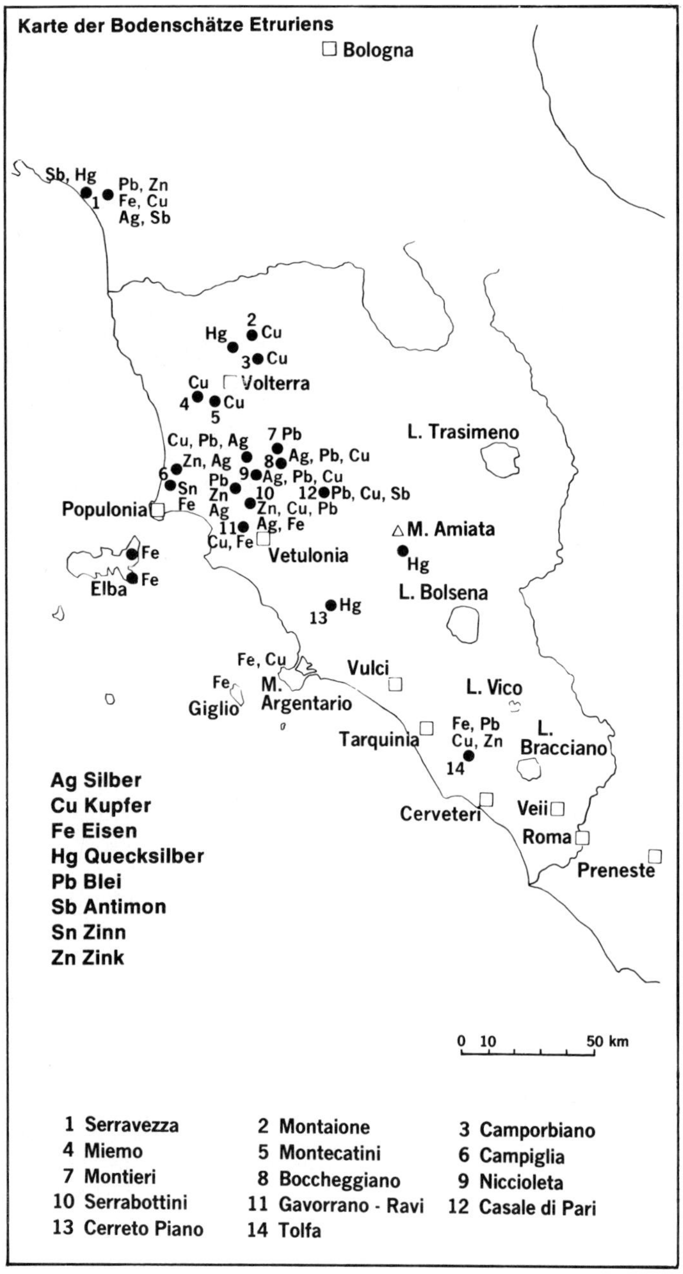

Zinn, die Grundbestandteile der Bronzelegierungen (die hier ein praktisch konstantes Mischungsverhältnis von 86 Prozent Kupfer und 14 Prozent Zinn aufweisen). Die Völker Etruriens hatten sicherlich schon vor der Ankunft der griechischen Kolonisten beachtliche metallurgische Kenntnisse. Gebrauchsgegenstände und Schmuck aus Bronze sind in Etrurien seit der späten Bronzezeit allgemein verbreitet. Hergestellt und vertrieben wurde das Bronzezeug in dieser Zeit von Handwerkergruppen, die außerhalb der Dorf- und Stammesgemeinschaften lebten und arbeiteten.

Der Gebrauch von Eisen als grundlegender Komponente bei der Herstellung von stark beanspruchten Geräten wie Hacken und Sicheln wurde zum entscheidenden Faktor für die intensivere landwirtschaftliche Produktion. Es ist allerdings nicht bekannt, ob diese Gerätschaften in der Nähe der Bergwerke hergestellt wurden. Landwirtschaftliche Werkzeuge kommen nicht als Grabbeigaben vor; die Funde belegen aber die Verwendung von Eisen bei Wagenrädern, Spießen, Schüreisen, Äxten, Messern, Fibeln, Kämmen und ähnlichem. Aus dem 7. und dem frühen 6. Jahrhundert ist der Gebrauch von Eisen für Niello-Arbeiten an Schnallen und bronzenen Kriegswagen im nordetrurischen Binnenland belegt.

Die Entstehung eigentlicher metallurgischer Werkstätten war mit ziemlicher Sicherheit eine Folge der beginnenden Verstädterung, als die fortgeschrittene Arbeitsteilung eine serielle Warenherstellung ermöglichte. Die Anlagen entstanden zuerst vor allem in den den Minen am nächsten gelegenen Städten. Ein anschauliches Beispiel dafür ist das in der Nähe der Colline Metallifere gelegene Vetulonia. Eine der verbreitetsten Methoden der Metallbearbeitung war seit Beginn der Eisenzeit das Kalthämmern, wobei Gußbronze in Barren oder Blattform verwendet wurde. Mit dieser Technik stellten die Metallarbeiter insbesondere Haushaltsgeräte und Gefäße her, wobei die Außenteile eher mit kleinen bronzenen Nadeln als durch Löten befestigt wurden, das erst später aufkam.

Da Holz- und Textilwaren nur ausnahmsweise erhalten blieben, konzentrierte sich die Archäologie vor allem auf die Keramik. Töpferwaren sind denn auch eigentliche „Leitfunde" bei der Erforschung und Datierung der etruskischen Gräber geworden. Ihr Konsumgutcharakter liefert wichtige Informationen nicht nur über die Töpfereitechnik, sondern auch über die Entwicklung der verschiedenen Produktionssorten, die für mannigfaltige Zwecke und für die verschiedenen Gesellschaftsschichten bestimmt waren.

Auch hier war der Kontakt mit den auf dem neusten technischen Niveau stehenden griechischen Töpfern von entscheidendem Einfluß. In der Villanovazeit wurde die für den Hausgebrauch bestimmte Töpferware üblicherweise innerhalb der Dorfgemeinschaft aus ziemlich unreinem Ton roh geformt. In der zweiten Hälfte des 8. Jahrhunderts brachten die griechischen Kolonisten Gefäße in zweckmäßiger Form aus gereinigtem und wasserdichtem Ton mit. Sie waren auf der Töpferscheibe hergestellt und mit mineralischen Farben bemalt. Bald entstanden, angeregt von den fremden Handwerkern, Werkstätten, die solche griechische Importware kopierten. Deshalb sind die etruskischen Gefäßbezeichnungen

Rechts: Die Etrusker beherrschten die Metallverarbeitung seit der frühen Eisenzeit. Dieses aus Vetulonia stammende Rasiermesser des 8. Jahrhunderts v. Chr. ist insofern ungewöhnlich, als auf ihm eine Jagdszene eingraviert ist (Museo Archeologico, Grosseto).

Unten: Bronzekrug mit spitzschnabelig zulaufendem Ausguß (Museo Archeologico, Florenz). Die etruskischen Bronzearbeiten wurden im 6. und 5. Jahrhundert v. Chr. sogar von den Sängern Attikas gepriesen. Krüge dieser Art wurden häufig nach Norditalien und bis jenseits der Alpen exportiert, da sie anscheinend bei den keltischen Stammesfürsten besonders begehrt waren.

mit den entsprechenden griechischen Namen eng verbunden: *qutum* (Krug) zum Beispiel ist vom griechischen *kothon* abgeleitet, *thina* (eine Art Topf) kommt von *donos, aska* (Fläschchen) von *askos.*

Bis zum Ende des 5. Jahrhunderts wurde die Nachfrage nach Töpferwaren zum Teil durch Importe aus Griechenland für die reiche Kundschaft und zum Teil durch die einheimische Produktion gedeckt, die die griechischen Muster und Dekorationen getreulich kopierte. Im 7. und in der ersten Hälfte des 6. Jahrhunderts dominierte stilistisch und auch volumenmäßig die korinthische Keramik, während zwischen den Jahren 550 und 450 v. Chr. die attischen Töpfereien stilbildend wirkten. Inzwischen waren in den etruskischen Städten Töpfereien nach griechischem Vorbild entstanden – insbesondere in Vulci, wo für die Jahre 630 bis 550 v. Chr. eine regelrechte Töpferindustrie nachzuweisen ist, die sich auf die Herstellung von Kopien korinthischer und in der zweiten Hälfte des 6. Jahrhunderts ostgriechischer Ware spezialisiert hatte. Im Lauf des 5. Jahrhunderts finden sich vereinzelt Kopien rotfiguriger attischer Töpferwaren, im 4. Jahrhundert dagegen – zu dieser Zeit wurden die attischen Vasen nicht mehr importiert – beherrschten die Töpfereien in den Städten Cerveteri, Tarquinia, Vulci, Orvieto, Chiusi und Volterra für diesen Produktionszweig den Markt.

Mit figurigen Darstellungen bemalte Keramik war eine Art Luxusgut und blieb offensichtlich feierlichen Anlässen vorbehalten. Vom 7. Jahrhundert an finden sich jedoch verschiedene Sorten einer mehr für den Alltagsgebrauch bestimmten Ware, die aus Formen der Villanovazeit abgeleitet sind. Die Töpferscheibe wird nun allgemein benutzt, es gibt verschiedene Tonsorten mit unterschiedlicher Farbe, die Oberflächen sind poliert und mit Malereien oder Reliefs verziert. Etwa um die Mitte des 7. Jahrhunderts begann man mit der Herstellung schwarzer Vasen und Krüge, die den Glanz der Metallvasen nachahmten; diese als *bucchero* bekannte Keramik sollte für mehr als hundertfünfzig Jahre ein typisch etruskisches Erzeugnis bleiben.

Die Töpferei und ihre Entwicklung im 7. Jahrhundert erlauben wichtige Schlüsse über die Organisation der handwerklichen Tätigkeit. Sie zeigt, daß spezialisierte Produkte erzeugt wurden, die nur teilweise von der eisenzeitlichen Tradition beeinflußt waren, weil dem Geschmack der einflußreichen Gesellschaftsschichten die nach griechischem Vorbild geformte Keramik besser gefiel.

Bezüglich der Metallbearbeitung und besonders der Herstellung von Schmuck aus Metall und andern kostbaren Materialien, wie Elfenbein und Bernstein, kann das 7. Jahrhundert mit Recht als Geburtsstunde eines eigentlichen etruskischen Kunsthandwerks bezeichnet werden. Bei der Metallbearbeitung werden zwar keine neuen Verfahren angewandt, doch beeinflußt die orientalisierende Mode der Zeit die Dekorationsmuster in gewissem Maß. Als Folge des Imports von Bronze aus Kleinasien, von Elfenbein aus Syrien sowie von phönizischen getriebenen Edelmetallerzeugnissen entstehen lokale Zentren künstlerischer Metallbearbeitung und Gravur, deren Produktion zeitlich eingeordnet werden kann. In dieser Zeit gesellschaftlicher Veränderungen, in der aber noch immer Adlige – die besten Kunden für Luxusgüter – die Führung innehatten, dürfte der soziale Status des Handwerkers recht hoch gewesen sein. Als sich die ersten griechischen Kolonisten in etruskischen Gemeinden niederließen, befanden sich unter ihnen denn auch – neben den Kaufleuten – Kunsthandwerker. Sie müssen eine das übliche Niveau übersteigende Bildung gehabt haben; jedenfalls sind ihre Produkte oft signiert. Die Texte der Vaseninschriften erscheinen gewöhnlich in der ersten Person, häufig in folgender Form: „Ich bin der Krug von Lemausna. Ranazu hat mich geformt." „Ich wurde von Aranth entworfen." „Ich wurde von Larthuza Kulenie gemacht", und so weiter.

Es ist wahrscheinlich, daß sich die soziale Stellung der Kunsthandwerker wie ihre Funktionen in der neuentstehenden städtischen Gemeinde ebenfalls wandelten. Hatten sie zuvor zur Umgebung der „Fürsten" gehört und als Hersteller von Luxusgütern eine Vorzugsstellung genossen, entwickel-

Links: Bronze-Feldflasche des späten 8. Jahrhunderts aus Vulci (Museo di Villa Giulia, Rom). Getriebene Verzierungen aus Metall finden sich schon relativ früh, besonders auf Waffen und Gebrauchsgegenständen in Gräbern von Kriegern.

Rechts: Straußenei aus der ersten Hälfte des 7. Jahrhunderts v. Chr. (Museo Nazionale, Tarquinia). Das aus Ägypten importierte Ei wurde in Etrurien in griechisch-geometrischem Stil bemalt. Solche Eier wurden häufig zu Krügen umgearbeitet, indem man sie mit Schnabel, Fuß und Henkel versah.

Oben: Euböischer krater *aus Pescia Romana, ungefähr 720 v. Chr. (Museo Archeologico, Grosseto), eines der schönsten Beispiele spätgeometrischer griechischer Keramik, die nach Etrurien exportiert wurde. Der etruskische Adel zog diese feinere Töpferware der heimischen Produktion vor.*

Oben rechts: Polychrome etruskische Amphore (Museo di Villa Giulia, Rom). Zwischen 630 und 550 v. Chr. wurde in Etrurien in immer größerem Umfang griechische Keramik kopiert, um der steigenden Nachfrage gerecht zu werden. Der geometrische Stil wird nun von Tierdarstellungen in ostgriechischer und korinthischer Manier abgelöst. Eine Ausnahmeerscheinung sind die polychromen Arbeiten der Jahre zwischen 630 und 600, sie beweisen, daß einige Kunsthandwerker eine Fertigkeit erlangt hatten, die weit über das bloße Nachahmen hinausging.

ten sich nun – mit den wachsenden Bedürfnissen einer immer breitern städtischen Bevölkerung – spezialisierte Berufszweige, von denen die klassischen Schriftsteller wie von echten Gilden sprechen. Das Bestehen der Handwerkergilden in Rom dürfte zum Beispiel bis in die Zeit des Numa Pompilius (Anfang 7. Jahrhundert v. Chr.) zurückgehen, obwohl sie heute häufig auf die Zeit der Expansion unter Servius Tullius (zweites Viertel des 6. Jahrhunderts) datiert werden. Es besteht allerdings kein Zweifel darüber, daß die kulturell fortgeschritteneren etruskischen Städte zu dieser Zeit die gleiche Entwicklung erlebten. Das von Plutarch überlieferte Verzeichnis der römischen Gilden (*Leben des Numa Pompilius,* 17) enthält sieben Kategorien von Handwerkern: Flötenspieler, Goldschmiede, Maurer, Färber, Schuster, Gerber, Sattler, Kupfer- beziehungsweise Bronzeschmiede und Töpfer. Einige dieser Gewerbe (Goldschmiede, Bronzeschmiede und Töpfer) und bestimmt auch Eisenschmiede existierten sicherlich in allen Städten. Und die Tatsache, daß etruskische Schuhe, die *calcei,* bei den Römern beliebt waren, macht wahrscheinlich, daß etruskische Schuster auch in Rom arbeiteten. Der häufige Gebrauch des Purpurs dürfte vom etruskischen Adel beziehungsweise etruskischen Färbern übernommen worden sein; in der spätrepublikanischen Zeit existierten an der tyrrhenischen Küste von Port' Ercole an eigentliche Purpurschneckenzuchten. Bei den Flötenspielern schließlich handelt es sich bestimmt um eine Gilde mit alter Tradition, gibt es doch seit der Mitte des 7. Jahrhunderts keine Darstellung zeremonieller Handlungen, bei der ein Flötenspieler fehlte.

Die archäologischen Funde belegen die mit der Entfaltung der Gilden schritthaltende weitere Spezialisierung. Um 580 v. Chr. erscheint zum Beispiel eine Gruppe von Kunsthandwerkern, die sich fast ausschließlich der Herstellung von ornamentalen Terrakotten für privaten Gebrauch, für Grabmäler und Heiligtümer widmete. Der erste etruskische König von Rom, Tarquinius Priscus, beauftragte aller Wahrscheinlichkeit nach den berühmten Bildhauer Vulca aus Veji mit der Herstellung der Terrakottastatue, die im Jupitertempel auf dem Kapitol stehen sollte. Der Tempel wurde 507 v. Chr. – in der Anfangszeit der Republik – eingeweiht, und die beiden Tarquinier hatten tatsächlich dafür gesorgt, daß der Bau im Grundriß typisch etruskische Züge zeigte und auch in der Höhe den etruskischen Vorbildern entsprach. Besondere Aufmerksamkeit hatten sie den Statuen im obern Teil des Heiligtums geschenkt, sie waren von Künstlern aus Veji geschaffen worden.

Hinweise auf die hohe Qualität des etruskischen Handwerks werden zur Zeit der Hochblüte urbaner Kultur eine Art Gemeinplatz der klassischen Schriftsteller. Zahlreich sind die Erwähnungen von kostbaren Vasen aus getriebenem Gold und Silber, von ungewöhnlichem Schmuck, wie etwa Kronen mit goldenem Blattschmuck, und verschiedenen Gegenständen aus Bronze, insbesondere Lampen und Statuen – die oft in römischen Tempeln aufgestellt wurden. Einige haben sich bis auf unsere Tage erhalten, wie etwa die Chimäre aus Arezzo oder der Mars aus Todi, der wahrscheinlich in Volsinii (Orvieto) hergestellt worden war. Als die Römer 264 v. Chr. die

Ganz oben: Detail einer schwarzfigurigen hydria, *eines Wasserkrugs, mit dem Aufstieg des Herakles in den Olymp. Cerveteri, um 530 v. Chr. (Museo di Villa Giulia, Rom).*

Oben: Schwarzfiguriger dinos *mit der Darstellung eines Jünglings zwischen zwei Sirenen. Cerveteri, um 530 v. Chr. (Museo di Villa Giulia, Rom).*

Die beiden Vasen wurden von ostgriechischen Künstlern geschaffen, die um 540 und 520 v. Chr. vor den Persern nach Etrurien geflohen waren. Diese Einwanderungswelle dürfte den Hellenisierungsprozeß Etruriens in der 2. Hälfte des 6. Jahrhunderts beträchtlich verstärkt haben.

Stadt eroberten, bestand ihre Beute unter anderem aus zweitausend Bronzestatuen, und Marcus Fulvius Flaccus, der für die Operation verantwortliche Feldherr, konnte auf dem Forum Boarium in Rom eine Opfergabe stiften, die aus einer großen Zahl bronzener Votivbilder bestand. Viele Belege deuten auf einen blühenden Handel mit Fertigwaren, insbesondere mit Bronzeartikeln, am Ende des 6. und zu Beginn des 7. Jahrhunderts hin. Amphoren, die wahrscheinlich aus Vulci stammten, wurden bis über die Alpen hinaus gehandelt, wahrscheinlich über das Emporium (Handelsplatz) Spina. Kleine etruskische Henkelkrüge fanden sich in Sizilien und Korsika, und einer der berühmten Bronzedreifüße, wahrscheinlich auch in Vulci hergestellt, wurde sogar auf der Akropolis in Athen entdeckt.

Eigentliche künstlerische Arbeit gehört natürlich auch in diesen Bereich. Über ihre Bedeutung in der städtischen Gesellschaft ist wenig bekannt. Sicherlich wurden die Künstler mit der Ausstattung der Tempel beauftragt, bei der Materialien wie Terrakotta und Opfergaben aus Terrakotta oder Bronze überwogen. Am besten ist ihre Arbeit jedoch in den privaten Grabkammern dokumentiert. Auch hier war wiederum der Kontakt mit der griechischen Kultur von entscheidender Bedeutung. Die verschiedenen stilistischen Epochen der hellenischen Kunst beeinflußten die etruskische darstellende Kunst tiefgehend. Mit Sicherheit hatten die Künstler seit Beginn der Urbanisierung zeitweise regen Kontakt mit dem griechischen Schaffen; dazwischen aber kam dieser Erfahrungsaustausch anscheinend vollständig zum Erliegen. Die griechische Kunst scheint die verschiedenen Gebiete Etruriens nur in Wellen erreicht zu haben, deren Dauer von Faktoren bestimmt wurde, die keinen direkten Zusammenhang mit der Kunst hatten.

Die einer aristokratischen Elite vorbehaltenen Kunstwerke spiegeln im übrigen den sich wandelnden Geschmack der noblen Kundschaft wider. Zweifelsohne führten dabei die Kontakte mit ostgriechischen Künstlern in der zweiten Hälfte des 6. Jahrhunderts der etruskischen darstellenden Kunst neue, frische Kräfte und Impulse zu. Die Vorliebe für großformatige Darstellungen, wie sie sich in den öffentlichen Gebäuden von Cerveteri oder in den Wandbildern der Grabkammern von Tarquinia finden, kann auf den unmittelbaren Einfluß von Künstlern aus Klazomenä, Phokäa und Samos (griechischen Städten an der kleinasiatischen Küste) zurückgeführt werden, die vor der persischen Invasion in die griechische Handelsstation von Gravisca, in der Nähe von Tarquinia, geflüchtet waren. Die Schlacht von Cumae (470 v. Chr.) unterbrach die Beziehungen zu Griechenland, so daß in der Folge in den Küstenstädten kaum Kunstwerke entstehen, die unmittelbar an die große klassische Kunst der Griechen anknüpfen. Erst im Lauf des 4. Jahrhunderts kommt es zu einem neuen Schub künstlerischer Innovation, der direkt von dem bedeutenden Zentrum griechischen Kunstschaffens in Taranto angeregt wird.

Dieser Blüte folgte im 3. Jahrhundert wieder eine Periode der Stagnation. Im 2. Jahrhundert fällt die blühende „Massenproduktion" der Graburnen in Nordetrurien zeitlich mit dem Bevölkerungswachstum und dem wirtschaftlichen Auf-

Terrakotta-Antefix (Stirnziegel) mit Silenkopf in Blumenkrone vom Dachgestühl des Tempels A in Pyrgi, um 460 v. Chr. (Museo di Villa Giulia, Rom).

schwung der Städte zusammen, die ein entsprechendes Wachstum der künstlerischen Aktivität nach sich zogen.

Es bleibt ein vergebliches Unterfangen, die etruskische Kunst klassifizieren zu wollen. Jeder künstlerische Artefakt ist vor dem Hintergrund der historischen, chronologischen und geographischen Zusammenhänge zu bewerten. Außerdem muß auch Faktoren wie Organisationsgrad der Kunsthandwerkergilden oder Verwendungszweck der produzierten Objekte Rechnung getragen werden.

Handel und Seeräuberei

Die Etruskologie beschäftigt sich erst seit wenigen Jahren mit Fragen, die den „Handel" betreffen. Dabei wird der in seiner heutigen Verwendung mehrdeutige Begriff hier zur Bezeichnung aller Formen des Warenaustausches gebraucht, während der Terminus „Ware" alle Produkte umfaßt, die verkauft werden und einen je nach Zeit und Ort ihrer Herstellung variierenden Wert besitzen.

Das Studium des antiken Handels erfolgt hier nach drei Hauptfaktoren: Güterumlauf bzw. Marktgebiet, Warenwert und Vertriebs- oder Handelsform. Der Güterumlauf hing entscheidend von den geographischen Gegebenheiten ab, die ja auch mehr oder weniger vorbestimmten, aus welchen Siedlungen der Villanovazeit die spätern Stadtstaaten wachsen sollten: Meer und Flüsse waren natürliche Verbindungswege ebenso wie die Pfade, die von den Herden nomadisierender Viehzüchter über Jahrhunderte ausgetreten worden waren. Beförderungsmittel konnten Kähne (ein solcher fand sich als letzte Ruhestätte in einem eisenzeitlichen Grab in der Nähe von Cerveteri), Schiffe (Darstellungen finden sich seit der Mitte des 7. Jahrhunderts), Lasttiere und Pferde- oder Ochsenkarren sein.

Die ersten Anzeichen für Kontakte mit überseeischen Kaufleuten sind aus der späten Eisenzeit bekannt, als an der Küste auch die griechischen Niederlassungen entstanden. Zu dieser Zeit erscheinen verschiedenenorts exotische Gegenstände: griechische geometrische Keramik in Veji, eine phönizische Schale aus getriebener Bronze in Vetulonia und eine kleine nuragische (sardische) Bronzearbeit in einem Grab in Vulci. Obschon die fremden Händler vor allem durch die reichen Bodenschätze angelockt wurden und wohl in erster Linie mit der in diesen Gebieten ansässigen Bevölkerung Handel trieben, fanden sich solche Importgüter aber auch in Städten weitab dieser Rohstofflager (etwa Veji, Tarquinia, Vulci und auf Gräberfeldern in Latium). Später, in der ersten Hälfte des 7. Jahrhunderts, erscheinen Luxusgüter massenweise nicht nur in den „fürstlichen" Gräbern Vetulonias, sondern auch in denen Cerveteris, Tarquinias und Vulcis oder in Städten Latiums wie Castel di Decima und Palestrina (Praeneste): Waffen aus getriebener Bronze, die in ortsüblicher Tradition gefertigt sind, reicher persönlicher Schmuck, Goldschmiedearbeiten, orientalische Elfenbeinarbeiten oder lokale Kopien.

Wie kamen insbesondere die importierten Güter in diese Regionen abseits der Handelszentren? Eine der Möglichkeiten wären Raubzüge, eine andere die Weiterverbreitung durch lokale Händler, Tausch oder als Gastgeschenke. Sicherlich trieben jedoch die phönizischen und griechischen Kauffahrer auf ihre Reise der Küste entlang – mit relativ kurzen Tagesetappen – in die Zentren Vetulonia und Populonia, wo sie Rohmetall kauften, auch unterwegs Handel. Dies erklärt die relative Häufung – bereits in der archaischen Periode – bedeutender Städte an der tyrrhenischen Küste zwischen der Tibermündung und Populonia. Weiter nördlich finden sich dagegen an der Küste nur gerade Livorno und Pisa, das erst später, wahrscheinlich um das Ende des 6. Jahrhunderts, gegründet wurde.

In der präurbanen Zeit, als es noch keinen reglementierten

Handel gab, mußte jede Form der Handelsaktivität vor allem den Interessen der Gemeinde oder ihres anerkannten „Anführers" entsprechen. Anderseits ist auch offensichtlich, daß der mit dem Erscheinen der fremden Kauffahrer aufblühende Tauschhandel einer der Faktoren für die sich ausbildende Verschiebung der Vermögensverhältnisse war. Luxusgüter gaben als „Prestigeobjekte" den sozialen Rang ihres Besitzers an. Sie erscheinen denn auch im Zusammenhang mit zahlreichen zeremoniellen Treffen der „Anführer", bei denen Handelskontrakte, Freundschaftsverträge oder Tauschgeschäfte vereinbart wurden. Inschriften auf solchen Gütern belegen, daß kostbare Geschenke der Bestätigung bestehender Beziehungen dienten: „Ich bin die (Schnalle) von Mamarce, die dem Arte geschenkt wurde." Ähnliche Inschriften finden sich auf verschiedenen goldenen Grabbeigaben, dürften aber im Lauf des 7. Jahrhunderts bei Luxusgütern verschiedenster Art, so etwa auch Amphoren mit Wein, verwendet worden sein.

Kostbarste Metall- und Elfenbeinarbeiten – meist von Kunsthandwerkern aus Cerveteri hergestellt – waren willkommene Tauschobjekte für die Anführer mächtiger Gruppen. So ist es sicher kein Zufall, wenn zahlreiche solcher Arbeiten aus den „fürstlichen" Gräbern Vetulonias stammen – die Stadt lebte ja direkt vom wohlstandbringenden Bergbau. Solche Transaktionen können jedoch nur mit Vorbehalt als kommerzielle Handlungen eingestuft werden, da sie auch das soziale Prestige des Gebers zeigen sollen und nur bedingt „Entgelt" sind. Außerdem ist hier auch die Geschichte des Gegenstandes von Bedeutung, nicht umsonst soll ja die Inschrift dem Nehmenden den Namen des Gebers verraten.

Geschenke konnten zwar nach klassischem Brauch gegenseitig ausgetauscht werden, wie es in der homerischen Gesellschaft üblich war; hinter dem zeremoniellen Äußern dürfte sich aber meist eine Art Geschäft in Form direkten Tauschhandels verborgen haben. Besonders die in Etrurien fehlenden

Rechts: Rückseite eines getriebenen Silberspiegels der zweiten Hälfte des 4. Jahrhunderts v. Chr. aus Bomarzo (Museo Archeologico, Florenz). Die Kombination der Relief- und Ziseliertechnik ist eher ungewöhnlich. Dargestellt sind Aplu, Tinia *und* Turms *(Apollo, Jupiter, mit Zepter und Donnerkeil in der Mitte, und Merkur, mit geflügeltem Hut und Stab rechts).*

Links: Detail einer goldenen Ringfassung aus Populonia, um 550 v. Chr. (Museo Archeologico, Florenz). Unter den aus Ostgriechenland und Zypern eingewanderten Handwerkern befanden sich auch Goldschmiede, Graveure sowie Jade- und Elfenbeinschnitzer, die ihre Werkstätten besonders in Küstenstädten wie Caere, Tarquinia und Vulci eröffneten.

Rohstoffe wie Gold, Silber, Elfenbein und Bernstein wurden wahrscheinlich im Tausch gegen eigene Waren importiert und hier veredelt. Dionysios von Halikarnassos (III, 46) erzählt von dem adligen Korinther Demaratus, dem Vater des fünften römischen Königs Tarquinius Priscus, der schon in der Mitte des 7. Jahrhunderts Handelsbeziehungen zu den Etruskern aufnahm – „die griechischen Waren an die Etrusker und die etruskischen nach Griechenland bringend“ – und sich schließlich in Tarquinia niederließ, zusammen mit Künstlern und Handwerkern, die er aus Griechenland mitgeführt hatte. Dies zeigt, wie leicht es für Ausländer war, in die etruskische Gesellschaft aufgenommen zu werden, und wie schnell sie in jungen Gemeinden, in denen die soziale Organisation noch nicht erstarrt war, auch aufsteigen konnten. Tarquinius Priscus' Schicksal nach seiner Übersiedlung nach Rom demonstriert dies in besonderem Maß.

Die vorherrschende Handelsform muß allerdings die Seeräuberei gewesen sein. Entsprechende Berichte antiker Quellen werden durch die archäologischen Funde bestätigt. So erzählt etwa die siebte *Homerische Hymne,* wie der Gott Dionysos als Kind von tyrrhenischen Piraten entführt worden sei, die ihn für einen Königssohn hielten und sich deshalb auf ein hübsches Lösegeld Hoffnungen machten. Legende und geschichtliche Tatsache verschmelzen in den Berichten über etruskische Freibeuter, die das Meer bis nach Sizilien, den Balearen, Sardinien und Korsika kontrollierten. (Auf Korsika wurde denn auch eine in das 5. Jahrhundert zurückreichende etruskische Ansiedlung entdeckt.) Dasselbe gilt für die Aktivität der Etrusker in der Adria, wo die Schiffahrt vom Ende des 5. bis ins 3. Jahrhundert von den wagemutigen etruskischen Seefahrern beherrscht wurde, die in Adria und Spina ihre Stützpunkte hatten. Es ist ja auch kein Zufall, daß der Name des Tyrrhenischen Meers von der griechischen Bezeichnung der Etrusker abgeleitet ist und daß die Adria ihren Namen dem Hafen Adria verdankt, einer ursprünglich venetischen Siedlung, die von den Etruskern ausgebaut worden war.

Der archäologische Nachweis für die seefahrerische Tüchtigkeit der Etrusker stützt sich auf die Verteilung von Warensorten um das Mittelmeer, die mit Sicherheit als etruskisch identifiziert werden können. Dabei darf man nicht vergessen, daß der etruskische Handel neben Metallen – insbesondere Roheisen – auch Wein und Öl exportierte. Die Fracht des um 580–570 v. Chr. beim Cap d'Antibes an der französischen Küste gesunkenen etruskischen Schiffes bestand nicht nur aus Amphoren, sondern auch aus Buccherokrügen und -bechern. Außerdem hatte das Schiff Kopien korinthischer Becher aus Vulci geladen. Vermutlich wurde also der Überschuß an Wein und Öl, der nicht im Land selbst abgesetzt werden konnte, exportiert. Die kleinen Ölkrüge waren ebenfalls Kopien korinthischer Töpferware. Die Fracht des Schiffes von Cap d'Antibes ist außerdem ein Beweis für die Verbreitung des Buccheros, der im Mittelmeerraum von den Balearen und der katalanischen Küste über Nordafrika und den Vordern Orient bis zum Schwarzen Meer belegt ist (siehe Seite 68).

Die weitausgreifende Tätigkeit der etruskischen „Piraten“ war für die griechischen und phönizischen Schiffe sicherlich eine stetige Bedrohung. Der erwähnte Bericht über die Entführung des Dionysos (*Homerische Hymnen,* VII, 44 ff.) schildert auch einen Vorfall zur See: „Und siehe, der Gott wandelte sich innerhalb des Schiffes vor ihrem Angesicht in einen wild und furchteinflößend schauenden Löwen ... er sprang plötzlich auf den Kapitän und ergriff ihn; sobald es die Matrosen wahrnahmen, sprangen sie gemeinsam in das göttliche Meer, um einem furchtbaren Schicksal zu entgehen, und sie wurden in Delphine verwandelt. Der Gott aber erbarmte sich, als er den Steuermann sah, hielt ihn auf und machte ihn überglücklich ...“

In der Folge wird die Besatzung identifiziert und charakterisiert: Dem grausamen Kapitän, der die Hauptschuld an der Entführung trägt, steht die Figur des weisen alten Steuermanns gegenüber. Die Arbeit der Matrosen, das Leben an Bord und das Schiff selbst sind beschrieben. Auffallend ist dabei die Übereinstimmung zwischen dieser Schilderung und den erhaltenen Darstellungen; Schiffbilder waren seit der

Links: Relief eines Sarkophags des frühen 5. Jahrhunderts v. Chr. aus Sperandio in der Nähe von Perugia (Museo Archeologico, Perugia). Es könnte sich hier um einen Clan bewaffneter etruskischer Kolonisten handeln, die mit ihrem Vieh und der restlichen Habe neues Land in Besitz nehmen.

Unten: Schwarzfigurige attische Amphore von 570 bis 550 v. Chr. (Museo di Villa Giulia, Rom). Den bedeutendsten Block der attischen Importe bilden die sogenannten Tyrrhenischen Amphoren dieses Typs mit Szenen aus der griechischen Mythologie. Sie dienten insbesondere dem Weinausschank bei festlichen Gelagen.

Mitte des 7. Jahrhunderts für zwei Generationen ein beliebtes Motiv des Vasenschmucks. Diese Schiffe sind bedeutend sorgfältiger und detaillierter wiedergegeben als die kleinen Tonmodelle, die aus eisenzeitlichen Gräbern in Tarquinia bekannt sind. Die letzteren haben meist einen flachen Rumpf, Heck und Bug sind in Form eines Vogelkopfs ausgebildet. Obwohl diese Modelle eher schematisch sind, können einige als Lastschiffe, andere eindeutig als Kriegsschiffe identifiziert werden. Diese zeigen einen gebogenen Rumpf mit Kiel; das Heck endet in einer geschlossenen Spirale, und der gerade Bug läuft auf der Wasserlinie in einen scharfen Schiffsschnabel aus – die Art von Schiffsschnabel, die nach Plinius dem Jüngern von den Etruskern erfunden worden sein soll. Manche Eigenschaften dieser Schiffe waren schon den mykenischen Schiffsbauern bekannt und von den griechischen Kolonisten beibehalten worden. Andere Einzelheiten dürften allerdings etruskische Entwicklungen sein, wie eben dieser metallene Schiffsschnabel, der bestimmt den Bedürfnissen einer Angriffsflotte entsprochen hatte.

Die etruskischen Piraten müssen ihr anrüchiges Handwerk länger betrieben haben, als man früher annahm. Wie die bis ins westliche Mittelmeer vorstoßenden ostgriechischen Seeräuber verfolgten auch sie weder politische Ziele, noch waren sie auf Landerwerb aus. Es ging ihnen ausschließlich um den „Kommerz", der sowohl die Piraterie als auch den Handel mit Rohstoffen und Fertigwaren umfaßte.

Der Umfang der Freibeuterei verringerte sich wahrscheinlich, als die Entwicklung politischer Institutionen den Städten ein Identitätsgefühl verlieh. Zweifelsohne blieb aber der Raub auf See weiterhin ein lukrativer Erwerbszweig einzelner Schiffsinhaber. Erst in der ersten Hälfte des 6. Jahrhunderts entstanden die Handelsstationen (Emporien), die wahrscheinlich bestimmten von den städtischen Magistraten erlassenen Regeln unterworfen waren. Die jüngsten Ausgrabungen in Gravisca, dem Hafen von Tarquinia, ergaben, daß sich die Ansiedlung von Griechen auf etruskischem Boden von etwa 580 v. Chr. an über rund hundert Jahre erstreckte. Die Händler genossen völlige Freiheit bei der Ausübung ihrer religiösen Kulte außerhalb des Stadtgebiets, und zahlreiche Votivinschriften in Griechisch spiegeln die Entwicklung des griechischen Handels wider. Zuerst kamen vornehmlich Ostgriechen, ihnen folgte dann zu Ende des 6. Jahrhunderts eine bedeutende Gruppe von der Insel Ägina, von dem Kaufmann Sostratos angeführt, der es nach Herodot (IV, 152) mit seinem Handel zu ansehnlichem Reichtum brachte.

In dieser Zeit der griechischen Dominanz dürfte der etruskische Handel eingeschränkt worden sein. Zumindest kam die Verbreitung des charakteristischen etruskischen Exportguts Bucchero im Mittelmeerraum um die Mitte des 6. Jahrhunderts zum Stillstand. Beim spätern Auftreten etruskischer Erzeugnisse – wie gravierten Elfenbeinarbeiten (Fundorte Delos, Rhodos und Zypern) oder Bronzegegenständen (Athen) –, die von den attischen Dichtern gepriesen wurden, konnte es sich um Importware der entlang der tyrrhenischen Küste stationierten offiziellen griechischen Niederlassungen gehandelt haben.

Im 6. Jahrhundert scheint die Wahrung ihrer kommerziellen Interessen im tyrrhenischen Raum für die Etrusker ein wirkliches Problem geworden zu sein. Die Lage war für sie derart ernst, daß sie vor der Notwendigkeit standen, eine organisierte Flotte aufzubauen. Die fragmentarischen Nachrichten griechischer Geschichtsschreiber beziehen sich auf eine Seeschlacht im Jahre 580 v. Chr. in der Nähe von Lipari, in der die Etrusker gegen die Flotten von Rhodos und Knidos kämpften, und eine weitere Auseinandersetzung zur See im Sardischen Meer um 540 v. Chr., in der die Flotte von Caere (Cerveteri) und seinem karthagischen Verbündeten den Phokäern gegenüberstanden. In dieser Zeit hatten sich ja die Karthager mit den Etruskern zum gemeinsamen Kampf gegen die sizilischen Griechen zusammengeschlossen. „Die Tyrrhenier, die Karthager und alle jene, die Verträge schließen, sind wie Bürger einer einzigen Stadt", schrieb Aristoteles (*Politik*, 1280 a. 36). Zweifellos sind diese Bündnisse – die den Verträgen der Römer mit Karthago entweder unmittelbar vorangehen oder in die gleiche Zeit fallen – ein Anzeichen dafür, daß die Stadtstaaten der tyrrhenischen Küste Seefahrt und Handel in ihrem Raum in gewissem Maß kontrollierten.

Die Niederlagen der Karthager bei Himera (480 v. Chr.) und der Etrusker in der Seeschlacht vor Cumae (474 v. Chr.) setzten der etruskischen Vorherrschaft im Tyrrhenischen Meer ein Ende. Der Handel hatte nachgelassen, und die Etrusker wandten sich wieder der altbewährten Piraterie und Kleinkriegen zu, die ihnen im 4. und 3. Jahrhundert im Tyrrhenischen Meer, in der Adria und nach Osten bis in die Ägäis einen solchen „Ruhm" einbrachten, daß er sprichwörtlich wurde. Schon zu Ende des 6. Jahrhunderts hatten die etruskischen Kolonisten in der Emilia eingesehen, daß das Emporium Spina für sie von lebenswichtiger Bedeutung war, sowohl für den See- wie für den Landhandel. Die Bevölkerung dieses großen Umschlagplatzes bestand aus verschiedenen ethnischen Gruppen, zur Hauptsache Etruskern, Griechen und Venetern. Die Händler aus Athen und Korkyra (Korfu) bezogen von hier Rohmetalle und Metallfertigwaren, Tiere (insbesondere die berühmten venetischen Pferde) und Bernstein, der von der Ostsee über die Ostalpen nach Spina gelangte. Einheimische Produkte wie Salz, aber auch Bronzearbeiten aus Südetrurien oder attische Keramik aus Athen wurden über den Po in die Territorien der Ligurer und Kelten und sogar bis über die Alpen exportiert.

Dem Aufstieg Spinas im 5. Jahrhundert entsprach ein Niedergang der tyrrhenischen Küstenstädte; nur Populonia blieb von dieser rückläufigen Entwicklung verschont, da die dortigen Eisenerzvorkommen nach wie vor die Grundlage des Handels blieben. Um die Mitte des 4. Jahrhunderts müssen sie für Syrakus so wichtig geworden sein, daß die Syrakusaner zwei militärische Expeditionen nicht nur in das Bergwerksgebiet, sondern auch an die Westküste Korsikas schickten, wo insbesondere Populonia mehrere Handelsstationen errichtet hatte. Die Kontrolle des Meeres zwischen Korsika, Elba und der Stadt Populonia, wo das Eisen verhüttet wurde, war zu dieser Zeit von außergewöhnlicher Bedeutung. Daß die beiden Handelszentren Populonia und Spina weiterhin kommerziellen und kulturellen Kontakt mit den Griechen hatten, wird auch dadurch belegt, daß sich nur in den Gräbern dieser Städte Beispiele der attischen Blumenstil-Töpferware des späten 5. Jahrhunderts fanden – ein Stil, der im eigentlichen Etrurien sonst nicht vertreten ist.

Erst in der zweiten Hälfte des 4. Jahrhunderts gab es eine allgemeine Wiederbelebung des Handels, der jedoch keine längere Dauer beschieden war, da die Römer vom 3. Jahrhundert an mit ihren Kolonien an der tyrrhenischen Küste zwischen Cosa (Ansedonia) und der Tibermündung den Warenverkehr zur See kontrollierten. Zu dieser Zeit begannen sich die etruskischen Städte auf ihr Hinterland zu konzentrieren;

Links: Die Via degli Inferi in der Nähe von Cerveteri ist ein charakteristisches Beispiel der etruskischen Straßenbautechnik, bei der man auch beträchtliche Fels- und Erdverschiebungen nicht scheute, um möglichst direkte Verbindungen zu erhalten.

Rechts: Innenseite eines aus Lakonien stammenden schwarzfigurigen Bechers aus Cerveteri, gegen 550 v. Chr. (Museo Archeologico, Cerveteri). Unter der aus Griechenland importierten Keramik befand sich auch spartanische Ware. Dieser Becher wird dem „Tiphon"-Maler zugeschrieben.

Diese Karte zeigt die Verbreitung der Buccherokeramik. Das glänzend schwarze Geschirr war das eigentliche Markenzeichen etruskischer Töpferei, und die über den ganzen Mittelmeerraum, die Schwarzmeerküste und bis nach Nordeuropa verstreuten Fundstellen dokumentieren die weitreichenden Handelsverbindungen in der Zeit von 630 bis 550 v. Chr. (die weißen Quadrate entsprechen den Emporien und Verteilzentren).

und der Handel erfuhr insofern eine tiefgreifende Wandlung, als sich Geld als Wertmaßstab und Zahlungsmittel durchzusetzen anfing.

Es ist von entscheidender Bedeutung, daß die Münzprägung in Tarquinia, Vetulonia, Populonia, im Val di Chiana und in Volterra erst in der letzten Periode der etruskischen Kultur allgemein üblich wurde. Im Verlauf des 6. Jahrhunderts hatte es zwar – wie bereits erwähnt – einige Emissionen gegeben, die aus Bronzebarren mit einem aufgeprägten dürren Zweig bestanden, und etwas später erscheinen auch Gold- und Silbermünzen, die vermutlich aus Vulci und Populonia stammen. Diese sporadischen Ausgaben lassen als wahrscheinlich erscheinen, daß es sich um Prägungen in privater Regie handelte, daß also Privatunternehmer mit ihrem eigenen Stempel für Gewicht und Feingehalt des Metalls garantierten.

Zu Ende des 4. Jahrhunderts hingegen emittierten die Städte selbst Bronze- und Silbermünzen, die zum Teil gegossen (Bronzemünzen aus Tarquinia, Volterra und dem Val di Chiana) und zum Teil geschlagen beziehungsweise geprägt wurden (Bronze- und Silberemissionen von Populonia und Vetulonia). Die Münzen tragen den jeweiligen Stadtnamen: *Vatl* (Vetulonia), *Pupluna* oder *Puflunxa* (Populonia) und *Velathri* (Volterra). Das Geld der einzelnen Stadtstaaten scheint allerdings kaum außerhalb der Grenzen des jeweiligen Territoriums im Umlauf gewesen zu sein. Die in Vetulonia geprägten Münzen erreichten Roselle, die Prägungen aus Populonia waren an der gesamten livornesischen Küste Zahlungsmittel, und jene aus dem Val di Chiana – ob von Arezzo oder Chiusi emittiert – wurden auch in den Randbezirken des Territoriums von Volterra akzeptiert. Die zuletzt erwähnten Münzen waren nur im 3. Jahrhundert im Umlauf, vielleicht bis zum Zweiten Punischen Krieg, als im Val di Chiana besondere Ausgaben erscheinen, die wahrscheinlich für die Bezahlung der römischen Hilfstruppen im Kampf gegen Hannibal bestimmt waren.

Gegossene Münzen waren Teil des auf dem italischen *libra* (Pfund) fußenden Gewichtssystems, das in Zentralitalien üblich war. Die Prägungen der Küstenstädte hingegen waren vor allem dort im Umlauf, wo der Seehandel blühte, und gleichen denn auch dem griechischen Geld der hellenistischen Periode. Es ist keineswegs leicht, den Zeitpunkt zu bestimmen, von dem an Geld als Zahlungsmittel und Wertmaßstab galt, hatten doch schon zuvor Metallbarren und ähnliche Waren von regelmäßiger Qualität und einheitlichem Gewicht Geldcharakter gewonnen. Die Gemeinschaft muß daran interessiert gewesen sein, die Kontrolle über ein Tauschgut zu erlangen, dessen Wert beispielsweise am Gewicht in Bronze bestimmt werden konnte.

Und von nun an beteiligte sich der Staat unmittelbar an der Lenkung des Tauschsystems, das bis jetzt in den Händen der unternehmendsten Gruppen und einzelner Händler gelegen hatte.

Ein anschauliches Bild der etruskischen Wirtschaft zu Ende des 3. Jahrhunderts bietet eine Stelle bei Titus Livius (XXVIII, 47). Als 205 v. Chr. der römische Senat den Antrag Scipios auf Aufstellung einer Expeditionsflotte ablehnte, die Hannibal stoppen sollte, bat Scipio die mit den Römern verbündeten Städte um Hilfe: „Die etruskischen Städte waren die ersten, die ihm Hilfe versprachen, jede ihren eigenen Möglichkeiten gemäß. Caere versprach Getreide für die Schiffsleute und alle Art von Vorräten, Populonia versprach Eisen, Tarquinia Leinen zur Herstellung von Segeln, Volterra Getreide und Holz zum Bau der Schiffsrümpfe, Arezzo dreitausend Schilde und die gleiche Anzahl von Helmen, Hakenspeere und Lanzen, insgesamt je 50 000 Stück von jeder Waffenart, ferner Streitäxte, Schaufeln, Sicheln, geflochtene Körbe, Handmühlen in so großer Menge, als vierzig Kriegsschiffe tragen konnten, zusammen mit 120 000 Metzen Korn und allem, was die Offiziere und die Bemannung für die Fahrt brauchen würden; Perugia, Chiusi und Roselle boten Kiefernholz für den Schiffsbau und große Mengen an Getreide an."

Schwarzfigurige hydria *aus Cerveteri, 530–520 v. Chr. (Museo Archeologico, Cerveteri), hergestellt in einer Werkstatt eingewanderter phokäischer Töpfer. Von diesen „Caeretanischen" Wasserkrügen sind noch annähernd vierzig Stück erhalten; die meisten wurden in Cerveteri gefunden, ein Fragment stammt jedoch aus Naucratis, einem großen griechischen Emporium im Nildelta.*

Oben: Fresko eines Frachtschiffs in der Tomba della Nave in Tarquinia. Das Grabmal aus der Mitte des 5. Jahrhunderts wurde nach diesem Schiff benannt.

Rechts: Rotfiguriger attischer stamnos *aus Tarquinia, um 480 v. Chr. (Museo Nazionale, Tarquinia). Die Entführung der Europa – eines der schönsten Werke des „strengen attischen Stils" – stammt vom sogenannten „Berliner Maler". Der Import attischer Keramik erreichte seinen Höhepunkt zwischen 530 und 470 v. Chr. Einer der Importkaufleute ist der namentlich bekannte Sostratos, der dem Apoll einen Steinanker mit Inschrift stiftete, den man im griechischen Tempelareal von Gravisca, dem Hafen von Tarquinia, fand.*

Fast ganz Etrurien, einschließlich der Küstenstädte, dürfte also damals Überschüsse in der Landwirtschaft, der Tuchmacherei und der Holzindustrie erzeugt haben. Populonia war die einzige Stadt, die immer noch die Eisenerzminen ausbeutete. Die von Arezzo versprochenen Waffenstückzahlen lassen vermuten, daß die Stadt über eine florierende Metallverarbeitungsindustrie verfügte; andere Belege für diese These fehlen jedoch. Der Anteil Arezzos ist bedeutend größer als der der andern Städte, doch sind auch nur hier die zugesagten Hilfsleistungen bezüglich der Mengen spezifiziert. Diese Tatsache ist vielleicht dadurch zu erklären, daß die zwischen Rom und Arezzo ein Jahrhundert vorher abgeschlossenen Verträge – sie waren zustandegekommen, als die Fürsten von Arezzo zur Niederschlagung der Sklavenaufstände die Hilfe der römischen Truppen benötigten – Klauseln enthielten, die die Stadt zu größern Tributleistungen verpflichtet hatten.

Das Münzwesen war in Etrurien weniger entwickelt als in Griechenland, wo die Stadtstaaten regelmäßig Münzen ausgaben, die allgemein als Zahlungsmittel anerkannt wurden. Die Goldmünze oben wird auf das Ende des 6. Jahrhunderts datiert und stammt aus Populonia (Museo Archeologico, Florenz). Das Zeichen unter dem Löwenhaupt gibt den Wert „50" an.
Die Silbermünze rechts, ebenfalls aus Populonia, gehört zu einer im 4. und 3. Jahrhundert umlaufenden Serie. Zu dieser Zeit lag das Münzrecht bei den Städten; diese Münze mit einem Neptun- oder Aioloskopf trägt auf der Rückseite den Namen Pupluna.

Die etruskische Sprache

Ursprünge und Adaption

Die klassischen Autoren schreiben die Einführung des Alphabets in Italien in seltener Einmütigkeit den Griechen zu. Insbesondere Tacitus (*Annalen* XI, 14) berichtet darüber: „... die Kunst des Schreibens wurde ... den Etruskern von Demaratus aus Korinth und den Latinern von Evander aus Arkadien beigebracht." Da sich Demaratus möglicherweise um die Mitte des 7. Jahrhunderts in Tarquinia niedergelassen hatte (siehe Seite 64), müßten die ersten etruskischen Inschriften etwa aus dieser Zeit stammen. Tatsächlich erscheinen sie sogar fünfzig Jahre früher, um 700 v. Chr., und zwar als Adaption des griechischen Alphabets, das die Euböer dieser Zeit benutzten. In der ersten Phase umfaßte diese Adaption an die eigene Sprache den Wegfall bestimmter griechischer Buchstaben (Beta und Delta, die die griechischen Mitlaute *b* und *d* wiedergaben, und Omikron, das den Laut *o* bezeichnete). Im Lauf des 7. Jahrhunderts fügte man dann den Buchstaben Digamma mit Hauchlaut hinzu, um den Laut *f* zu bezeichnen, sowie einen dem Korinthischen entlehnten Buchstaben, den *sade*, für eine Variante des Mitlauts *s*.

Der Vorgang wird verständlich, wenn man die Schwierigkeiten bedenkt, mit einem für eine bestimmte Sprache entwikkelten Alphabet die Lautstruktur einer andern, möglicherweise stark abweichenden Sprache wiederzugeben (an modernen Beispielen fehlt es ja nicht). Das Auslassen bestimmter Buchstaben (die Tatsache, daß Omikron, Beta und Delta nicht im Gebrauch sind, beweist, daß der Gegensatz zwischen den velaren Selbstlauten *o* und *u* und zwischen den stimmhaften und stimmlosen Mitlauten im Etruskischen bedeutungslos war) und die Aufnahme anderer, wie des *sade*, um diesen

Urnendeckel des späten 2. Jahrhunderts aus Volterra (Museo Guarnacci, Volterra). Der auf einer kline *(Liege) ruhende Tote hält ein geöffnetes Diptychon, wie diese zusammenklappbaren Schreibtäfelchen genannt werden.*

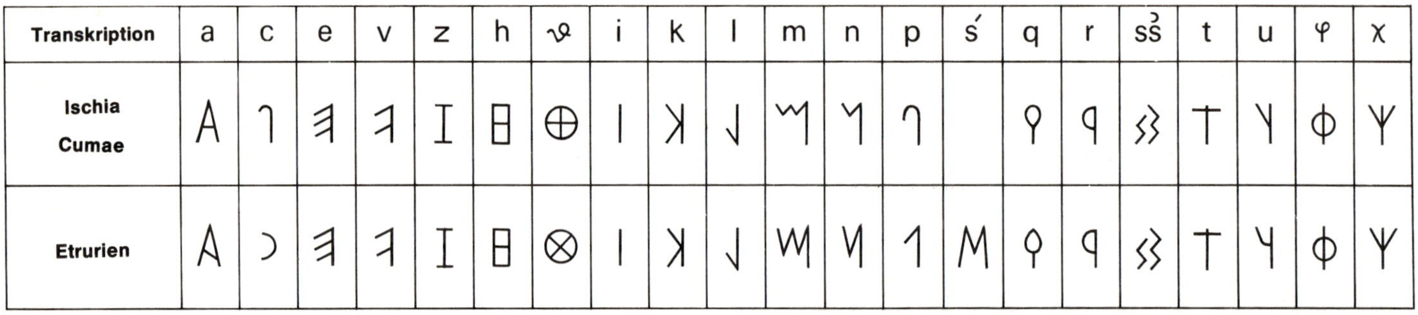

Zischlaut vom bereits bestehenden Sigma zu trennen, deuten auf beträchtliche Unterschiede zwischen den phonetischen Systemen der beiden Sprachen hin. Diese Unterschiede dürften denjenigen, die das etruskische Alphabet schufen – also Etruskern, die Griechisch lesen und schreiben konnten, oder Griechen, die des Etruskischen mächtig waren –, durchaus bewußt gewesen sein.

Abgesehen von den erwähnten Abweichungen übernahmen die Etrusker ein einziges, homogenes Alphabet, und es wurde denn auch während seiner ganzen Existenz von rechts nach links geschrieben – entsprechend dem ursprünglichen euböischen Alphabet.

Bevor das Zentralthema dieses Kapitels behandelt werden kann, gilt es, eine grundlegende Schwierigkeit zu bedenken. Die in den Inschriften des 7. bis 1. Jahrhunderts v. Chr. erhaltene Sprache gehört nicht zur indoeuropäischen Familie. Sie verfügt über ein regelmäßiges phonetisches und morphologisches System, das wie jede gesprochene Sprache im Lauf der Zeit bestimmte Veränderungen erfuhr. Gefunden wurden bisher rund zehntausend Texte; dabei handelt es sich jedoch meist um Grabinschriften, die nur gerade die Namen der Toten angeben. Deshalb ist es unmöglich, die Verwandtschaft oder die Beziehungen des Etruskischen mit den andern alten Sprachen hinreichend zu klären.

Man bemühte sich lange, dieses Problem durch den Vergleich des Etruskischen mit andern, ähnlich unzureichend bekannten und nicht indoeuropäischen Sprachen zu lösen. Alle diese Versuche sind gescheitert. Wie sich in letzter Zeit bestätigte, ist der einzig mögliche Vergleich auf historischer Grundlage jener mit einer Sprache, die nur durch eine einzige Inschrift im westgriechischen Alphabet überliefert ist. Es handelt sich um einen Text des 6. Jahrhunderts, der auf der Insel Lemnos in der nördlichen Ägäis entdeckt wurde. Obwohl diese Buchstaben sich von denen des etruskischen Alphabets unterscheiden, bestehen zwischen den beiden Schriftsystemen überraschende linguistische Ähnlichkeiten. Einige betreffen die Phonetik: In beiden Fällen gibt es keinen Unterschied zwischen stimmhaften und stimmlosen Mitlauten, einer der velaren Selbstlaute fehlt (das Etruskische verwendet, wie oben gezeigt, ausschließlich das *u*, während die Lemnier nur das *o* kennen), beide Sprachen weisen dagegen zwei Zischlaute auf.

Was die Morphologie anbelangt, finden sich ähnliche Formeln für Alter und Zeitangaben. Inhaltlich stimmt das Wort „Jahre“ überein, und die die Zehner bezeichnenden Zahlwörter werden ebenfalls auf gleiche Weise gebildet.

Das Lemnische und das Etruskische könnten also gemeinsamen Ursprungs sein, aber durch die räumliche Distanz und unterschiedliche Einflüsse die in den erhaltenen Inschriften belegte Differenzierung erfahren haben. Auf Anhieb könnte man ja auch kaum glauben, daß beispielsweise ein provenzalischer und ein italienischer Text des 12. Jahrhunderts Entwicklungen ein- und derselben Sprache, des Lateinischen, sind.

Aufschlußreich ist auch, daß die Einwohner der Insel Lemnos, wo die Athener im frühen 5. Jahrhundert eine Kolonie gründeten, von den griechischen Schriftstellern als Tyrrhenier bezeichnet werden – ebenso wie die Etrusker. Dies weist auf eine Beziehung oder Ähnlichkeit zwischen den beiden Völkern hin, die damals noch bemerkbar oder in der Überlieferung erhalten war. Eine derartige Verwandtschaft wurzelt allerdings tief in der mythischen Vorgeschichte, in den letzten Jahrhunderten des 2. Jahrtausends v. Chr., in jener Epoche, der Herodot die „Geschichten" zuordnete, die er der ionischen Überlieferung entnahm und in die er die Wanderung der von Tyrsenos geführten Lydier in die Toskana datierte. Ein anderer griechischer Geschichtsschreiber, Antiklides, der im 3. Jahrhundert v. Chr. lebte, schrieb dagegen die Kolonisation von Imbros und Lemnos und die darauffolgende Landnahme auf der italienischen Halbinsel einem anderen mythischen Volk, den Pelasgern, zu, die auch bei ihm von Tyrsenos oder Tyrrhenus angeführt werden.

Diese immer wiederkehrende sprachliche Verbindung ist der einzige Hinweis für die bekannte Theorie von der östlichen Herkunft der Etrusker. Zu der Zeit, da ihre Kultur auf die Bühne der Geschichte tritt, scheint ihre Sprache – nach den Inschriften des 7. Jahrhunderts zu urteilen – in Italien schon einige Zeit beheimatet zu sein. Dies belegen insbesondere die zahlreichen Lehnwörter. Unter den Personennamen kommen zum Beispiel viele übernommene italische Formen vor: *Mamarce, Kavie, Thifarie, Metie, Kaisie* und *Numesie* – die lateinischen Entsprechungen heißen *Mamercus, Gavius, Tiberius, Mettius, Caesius* und *Numerius.* Bei den wenigen erhaltenen Wörtern der Umgangssprache stammt etwa *spanti* (Teller) aus dem Umbrischen.

Lehnwörter aus dem Griechischen tauchen erst später auf, von der Zeit an, als die Etrusker mit den griechischen Kolonisten in Berührung kamen. In der Anfangsphase handelte es sich meist um alltägliche Begriffe, insbesondere um Bezeichnungen von Vasen. (Die etruskischen Inschriften dieser Zeit stammen von Töpferwaren.) Wie bereits im Zusammenhang mit Namen von Öl und Wein oder von Instrumenten wie der *groma* erwähnt, umfaßte der „kulturbildende" Einfluß der Griechen auch die Einführung neuer Gegenstände und Waren, bei denen die Etrusker verständlicherweise auch die Bezeichnung übernahmen. Möglicherweise hatte sich der etruskische Wortschatz nach der Aufnahme italischer Elemente im Verlauf des 7. Jahrhunderts bereits derart stabilisiert, daß sich zum Beispiel griechische Personennamen nicht mehr durchsetzen konnten. Es gibt allerdings Inschriften, die im 7. Jahrhundert „Naturalisierungen" belegen. Während Demaratus (siehe Seite 64) seinen Kindern etruskische Namen

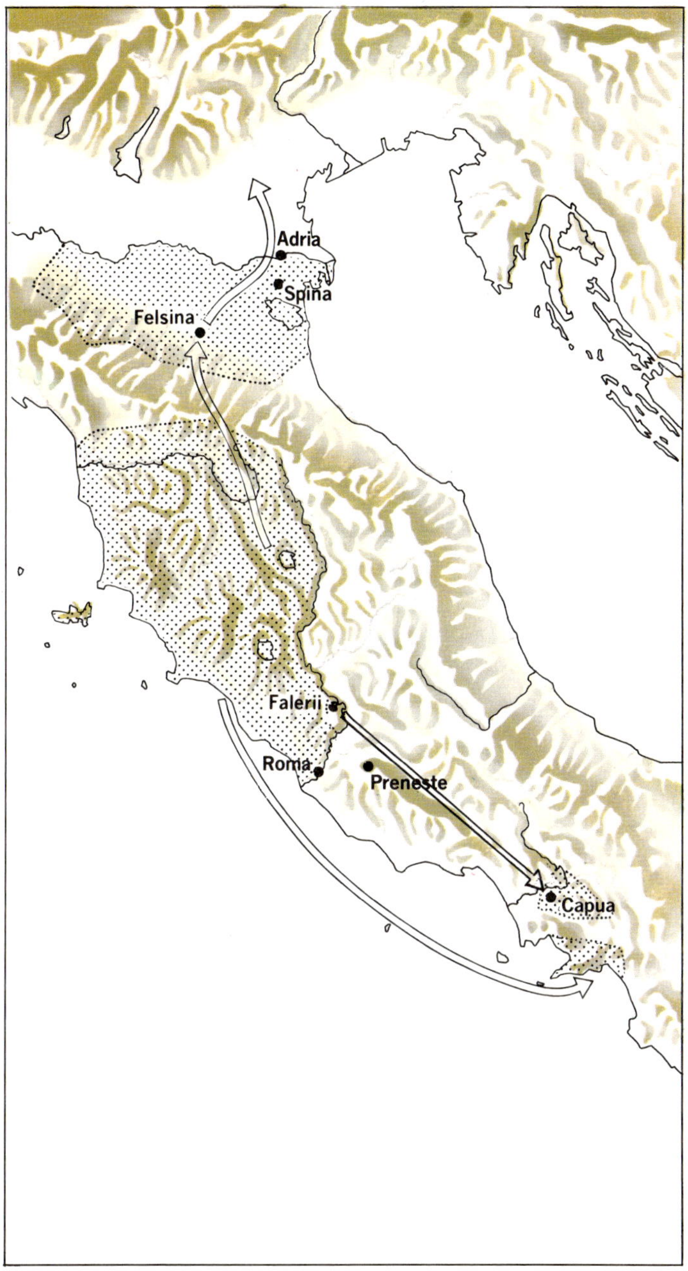

Oben: Die Etrusker vermittelten das von den Griechen übernommene Alphabet auch den italischen Völkern indoeuropäischen Ursprungs. In Oskisch, einer altitalischen Sprache, geschriebene Inschriften des 5. Jahrhunderts aus Capua zeigen die selben Schriftzeichen wie das Etruskische. In Venetien wurde um die gleiche Zeit ein Alphabet benutzt, das mit leichten Abwandlungen jenem der etruskischen Padana (Gebiet von Bologna bis Spina und Adria) entsprach.

Links: Diese ungewöhnlich geformte Buccherovase – möglicherweise ein Tintenfaß – zeigt eine Silbenübung auf dem Bauch und um den Fuß laufend ein vom Griechischen abgeleitetes Alphabet. Die Vase stammt aus einem fürstlichen Grab aus der Mitte des 7. Jahrhunderts in Cerveteri (Musei Vaticani).

gab, dürften einige griechische Handwerker und Händler ihre ursprünglichen Namen beibehalten haben, als sie sich in den etruskischen Gemeinden niederließen. So haben beispielsweise ein *Telekles* und ein *Hippokrates* ihre Namen zu *Telicle* und *Hipucrate* etruskisiert.

Solche Ausnahmefälle blieben ohne Einfluß, abgesehen etwa von der Verbreitung griechischer Sklavennamen als Folge eines umfangreichen „Imports" von Landarbeitern im 2. Jahrhundert. Die erhaltene etruskische Schrift ist älter als alle Belege der andern italischen Sprachen, wie etwa des ursprünglich nur in *Latium vetus,* dem alten Latium, gesprochenen Latein oder des auf dem Territorium von Falerii gebräuchlichen Faliskischen; jünger sind auch die Dokumente der sabellischen Sprachen der Sabiner, Sabeller, Marser und Vestiner im zentralen Apennin und in den Abruzzen oder des von den Venetern gesprochenen Idioms.

Diese frühe „Alphabetisierung" ist ein klarer Beweis für die damalige Bedeutung Etruriens, besonders im Verhältnis zur griechischen Welt. Die Etrusker müssen den Griechen früher als andere Völker als „zivilisationsfähig" erschienen sein, als ebenbürtige Partner, und sie spielten denn auch eine entscheidende Rolle als Vermittler griechischer Lebensart und Bildung im alten Italien.

Die im Latium des 7. Jahrhunderts gebräuchlichen Schriftsysteme entwickelten sich auf unterschiedliche Weise, aber im Einklang mit der sprachlichen Vielfalt. Dennoch ist die Ableitung aus der etruskischen Schrift deutlich erkennbar, ebenso die fortdauernden wechselseitigen Beziehungen der verschiedenen Volksstämme. Trotz der auftretenden Unterschiede bewahren Latein und Faliskisch bestimmte Buchstaben des griechischen Alphabets, um dem Griechischen ähnliche Laute auszudrücken (Latein hält an Omikron, Beta und Delta fest; Faliskisch kennt Delta und Omikron, ohne aber bestimmte griechische Zeichen (die Spiranten oder Hauchlaute) zu übernehmen, die wiederum die Schrift der Etrusker kennzeichnen. Anderseits treten bei der Schreibung anderer Buchstaben Ähnlichkeiten auf, die manchmal auf etruskische Schreiber aus Cerveteri oder Veji hinzuweisen scheinen.

Es gibt einige wenige im 6. Jahrhundert entstandene Inschriften aus den Sabiner Bergen, den Abruzzen und Kampanien, die von einer „italischen" Schrift zeugen, welche auf einem völlig verschiedenen, sogar entgegengesetzten System zu jenem Etruriens und Latiums beruht. Die aus dem 5. Jahrhundert stammenden Oskischen Inschriften hingegen, die man in der Nähe von Capua gefunden hat, verwenden ein eindeutig vom Etruskischen abgeleitetes System. Dasselbe gilt für die wenigen umbrischen Texte, die älter als das 3. Jahrhundert sind, und die aus dem 5. Jahrhundert stammenden venetischen Inschriften. Die Konsequenzen liegen auf der Hand. Überall, wo der etruskische Einfluß überwog, gaben die Etrusker der ansässigen Bevölkerung die Mittel der schriftlichen Kommunikation und der Aufzeichnung weiter. Die Bewohner Kampaniens und die Veneter machten sich dieses Schriftsystem unter dem unmittelbaren Druck der Süd- und Nordetrusker zu eigen, die Capua beziehungsweise das Potal kolonisiert hatten.

Oben: Vase mit Widmungsinschrift aus einem Heiligtum in der Nähe von Veji, 580–560 v. Chr. (Museo di Villa Giulia, Rom). Der Text dürfte „Mamarce Apunie *hat mich* Vena *gestiftet" bedeuten.*

Links: Buccherokeramik – vermutlich ein Weihrauchbehälter – aus einem Grab des späten 7. Jahrhunderts v. Chr. in Artimino in der Nähe von Florenz (Museo Archeologico, Florenz). Die Inschrift über dem Fuß stammt vom Töpfer, der vielleicht auf seine Kunstfertigkeit stolz war: „Ich wurde von Larthuza Kulenie gemacht."

Links: Eine der drei berühmten Gold-Schrifttafeln aus dem Tempel von Pyrgi, gegen 500 v. Chr. (Museo di Villa Giulia, Rom). Der Text beschreibt die Stiftung des Heiligtums und einer Uni-Statue durch Thefarie Velianas, den obersten Magistraten von Cerveteri.

Rechts: Detail des Sarkophags von Laris Pulcena *aus Tarquinia, frühes 2. Jahrhundert v. Chr. (Museo Nazionale, Tarquinia). Auf der geöffneten Schriftrolle sind die Taten des Verstorbenen geschildert.*

Die gebildeten Klassen

Die Einführung des Alphabets in der Toskana und in Latium ist ein entscheidendes Element des umfassenden kulturellen Wandels, der nach den archäologischen Funden zu Ende des 8. Jahrhunderts v. Chr. stattgefunden hatte. Mit der Schrift hatte man nun auch ein Mittel für die Aufzeichnung bestimmter Angelegenheiten und Vorgänge, die meist mit dem Handel verbunden waren (entsprechend dem Prozeß, der im 9. Jahrhundert in den Handelsstationen an der nahöstlichen Küste mit der Entwicklung des griechischen aus dem phönizischen Alphabet abgelaufen war). Die Verbreitung der Schrift im Griechenland des 8. Jahrhunderts kann dagegen in enger Beziehung mit dem Entstehen der Städte gesehen werden. Die Schrift ist hier ein Mittel zur Verbreitung einer Kultur, die stadtgebunden ist. Die aus der ersten Hälfte des 7. Jahrhunderts stammenden Inschriften Etruriens finden sich hingegen fast nur in „fürstlichen" Gräbern und meist auf den reichen Grabbeigaben. Die Texte unterstreichen dabei die Bedeutung dieser Objekte. Sie vermerken deshalb ausnahmslos den Namen des „Beschenkten" und manchmal auch den des Stifters (siehe Seite 63). Gleichzeitig bestätigen sie, daß die Schrift unter den höhern sozialen Schichten allgemein verbreitet war.

Weitere Informationen über den elitären Charakter der Schrift im 7. Jahrhundert erbringen Gegenstände, auf denen das Alphabet selbst erscheint, da sie unmittelbar mit der Schreibpraxis verbunden sind. Einer davon ist die berühmte Elfenbeintafel aus Marsiliana d'Albegna, die in einem „fürstlichen" Grab zusammen mit einem *stylus* und einem beim Schreiben verwendeten Radiermesserchen entdeckt wurde. Und zur reichen Ausstattung des Regolini-Galassi-Grabes in Cerveteri gehörte auch ein Bucchero-Tintenfaß mit eingraviertem Alphabet, zusammen mit einem eigentlichen Syllabarium (Buchstabieranweisung). Aus dem Monumentalgrab in Monte Aguzzo in der Nähe von Formello (Veji) stammt eine kleine Bucchero-Amphore. Hier erscheint das Alphabet als Teil eines Silbenspiels, ihm folgt ein Text, der die grundlegenden Informationen über die Amphore enthält: „Ich... aus Atianai. Ich wurde Venel gegeben. Ich wurde von Velthur gemacht.“ Das Alphabet konnte aus verschiedenen Anlässen benützt werden, aber wenn es auf Gegenständen eingraviert wurde, die symbolisch mit der aktuellen Schreibpraxis verbunden waren, nimmt es eine besondere Bedeutung an. Es demonstriert auch, daß die Schriftkenntnis Sache des spezifischen sozialen Rangs ist. Es ist also ziemlich sicher, daß die Schrift zu einem Zeitpunkt nach Etrurien gelangte, als die verschiedenen sozialen Klassen schon bestanden und der Reichtum sich wahrscheinlich bereits in den Händen kleiner aristokratischer Kreise konzentrierte und so anfänglich nur für die höhergestellten Schichten von Bedeutung war.

In der zweiten Hälfte des 7. Jahrhunderts müssen immer größere Kreise die Schrift beherrscht haben. Würde man die Sachlage nur nach den heute zur Verfügung stehenden Texten beurteilen, käme man bezüglich der Verbreitung der Schrift in der Toskana und in Latium zu einem außergewöhnlichen Schluß. Einer erstaunlichen Konzentration von Inschriften auf etruskischem Gebiet stehen sehr wenige in Latium gegenüber, obwohl die Region über ganze Gräberfelder verfügt, in denen die soziale Schichtung und die Verteilung des Reichtums bis zum Ende des Jahrhunderts jener Etruriens entspricht. Weiter südlich nimmt die Zahl der Inschriften noch mehr ab, sogar in den griechischen Kolonien Kampaniens. Es ist natürlich schwer vorstellbar, daß die Etrusker die Schrift zu einer Zeit verwendet hätten, als sie bei den griechischen Kolonisten und den Latinern noch kaum in Gebrauch war. Die Erklärung dürfte wohl sein, daß der Prestigewert der Schrift bei den Etruskern bedeutend höher eingestuft wurde und uns deshalb die annähernd hundert etruskischen Texte aus dem 7. Jahrhundert erhalten blieben.

Die Vielzahl der zu Ende des Jahrhunderts auftretenden Inschriften und ihre räumliche Verteilung in Etrurien sind Teil

Oben: Urnen-Hochrelief aus Volterra, Ende 2. Jahrhundert v. Chr. (Museo Guarnacci, Volterra), das den Schulunterricht oder eine öffentliche Lesung zeigt. Die zweite Figur von rechts hält eine geöffnete Schriftrolle in den Händen.

Rechts: Fragmente eine Marmor-Schrifttafel mit einem Loblied auf Velthur Spurinna, der in den letzten Jahrzehnten des 5. Jahrhunderts v. Chr. in Tarquinia lebte (Museo Nazionale, Tarquinia).

einer Reihe sozialer Umwälzungen, die mit der Entfaltung der städtischen Gesellschaft zusammenhängen. Bedeutende Handwerkergilden waren hier für die Weitergabe kultureller Werte maßgebend. Die Verwendung der Schrift und das Erlernen des Alphabets waren nun nicht mehr exklusives Privileg der herrschenden Schicht. Der Schreibunterricht wurde wahrscheinlich in den zu diesem Zweck vielleicht in Tempeln eingerichteten Schulen eingeführt.

In dieser Periode der Stadtkultur wird die Verbreitung der Schrift in erster Linie von ihrem „öffentlichen" Gebrauch bestimmt. Sie ist wichtiger Bestandteil des politischen Lebens, und gerade auf diesem Gebiet spielen die Schreiber nun eine entscheidende Rolle. Unter den von den römischen Geschichtsschreibern überlieferten Heldentaten im Krieg mit Porsenna, zu Ende des 6. Jahrhunderts, ist die berühmte Episode von Mucius Scaevola, der gerade ins etruskische Lager eingedrungen war, als der Sold ausbezahlt wurde, von besonderer Wichtigkeit:

„Der Schreiber, der neben dem König saß und fast genau so prächtig gekleidet war, hatte viel zu tun, die Soldaten wandten sich meist an ihn. Mucius nun, der sich zu fragen scheute, welcher von beiden Porsenna sei, um nicht dadurch, daß er den König nicht kannte, zu verraten, wer er selbst sei, überließ dem Glück die Entscheidung über seine Tat – und erdolchte statt des Königs den Schreiber" (*Livius* II, 12).

Zwar hat die Geschichte zweifellos etwas Legendäres an sich, doch wurde festgestellt, daß auf einigen im frühen 5. Jahrhundert entstandenen *cippi* mit Reliefdekor (Grenzsteinen oder Grabmarken) in Chiusi zweimal die Figur eines in Tunika und Mantel gekleideten Schreibers erscheint. Einmal ist er bei einem sportlichen Wettbewerb auf dem Richterstand abgebildet, ein anderes Mal erscheint er als Schreiber, der nach dem Diktat einer sitzenden Person mit Zepter auf einem Täfelchen etwas niederschreibt.

Die Schreiber nahmen an offiziellen Zeremonien teil, um das Notwendige festzuhalten. Die Schrifttafeln lagen offensichtlich so lange in den Archiven, als es für nützlich erachtet wurde. Der Schreiber war außerordentlich wichtig als Sekretär, und er steht denn auch auf den Reliefen hellenistischer Sarkophage und Gräber den Magistraten am nächsten. Er hält entweder eine große oder einen Stoß kleiner Tafeln in der Hand, während die Musikanten und Liktoren den Festzug anführen.

Waren die Schreiber Chronisten der Tagesgeschäfte, oblag den Priestern die Verantwortung für das Aufzeichnen des gewichtigen Geschehens. In Rom zum Beispiel führten die Priester von Jahr zu Jahr eine kurze Chronik, die unter dem Namen des jeweiligen Magistraten über alle bedeutenden Vorkommnisse berichtet. In der Mitte des 6. Jahrhunderts entwickelten die etruskischen Priester ein „gelehrtes" Schriftsystem, das in den Tempeln benutzt wurde. Die Neuerung bestand hier darin, daß die Schriftzeile nicht mehr kontinuierlich geschrieben wurde. Statt dessen kommen Interpunktionen vor (ein, zwei oder drei Punkte), die (die Regeln sind allerdings nicht sehr streng) nach einer geschlossenen Silbe stehen. Ein unmittelbar aus Priesterkreisen stammendes Objekt belegt diese Neugestaltung der Schrift. Es handelt sich um eine jetzt im Ostberliner Archäologischen Museum befindliche Terrakottakachel aus dem frühen 5. Jahrhundert. Die aus S. Maria Capua Vetere stammende Fliese wurde vor dem Brennen mit einer Inschrift versehen. Diese enthält eine lange Anweisung über die vorgeschriebene Ausführung der Opferriten für die Götter der Unterwelt; sie ist allerdings nur zum Teil übersetzbar. Wie bei einem derartigen Text zu erwarten ist, sind die benutzten Formeln kurz und kehren häufig wieder, während die technische Sprache sehr präzise und voll von Bedeutungsnuancen ist. Die Wörter, die das kultische Geschehen bezeichnen, sind zum Beispiel *tule, ilucve, apirase* und *acalu.* Sie werden einzeln oder in Gruppen gebraucht, je nach den in Frage kommenden Göttern. Die Art der Weihgaben ist ebenfalls variabel: *vacil* bezieht sich auf das allgemeine Opfer, es erscheinen aber auch Wörter wie *itna, zusle, tartiria, turza* und *zizriin puiia.* Der Text ist durch Trennungslinien zur Bezeichnung der neuen Absätze gegliedert und schließt mit der Unterschrift des „Verfassers" oder Schreibers: „... uris zichunce" (Uris hat geschrieben). Die Unterschrift ist ein Beweis der gesellschaftlichen Bedeutung des Schreibers – oder vielleicht besser des „Übersetzers" –, der die Vorschriften zur Ausführung privater oder öffentlicher Riten zu formulieren hatte.

Die Existenz dieses langen religiösen Texts läßt darauf schließen, daß es auch andere schriftliche Dokumente gab, die das im öffentlichen Leben gültige Reglement wiedergaben. Es kann kein Zufall sein, daß man um die Mitte des 5. Jahrhunderts das als „Zwölftafelngesetz" bekannte Stadtrecht in Rom schriftlich fixierte; nach Livius waren diese Tafeln „Quelle allen privaten und öffentlichen Rechts". Als Beispiel eines öffentlichen Reglements, bei dem die schriftliche Fixierung von Bedeutung war, können wir die Grabstätte in Crocifisso del Tufo in Orvieto anführen (siehe Seite 18). Die Gräber sind so angelegt, daß sie gleich viel Raum einnehmen. Jedes von ihnen trägt eine mehr oder weniger gleichlautende Inschrift, die den Namen des Inhabers angibt. Vielleicht hat hier der Staat jedem einzelnen das ihm Zustehende festgelegt; einige wenige Inschriften wurden offensichtlich entfernt und durch neue Angaben ersetzt.

Direkte Zeugnisse eines wachsenden Schriftgebrauchs sind nicht überliefert; doch kann sein wachsender Einfluß an der steigenden Zahl von Belegen in den Gräberfeldern ermessen werden. Das Buch in Form eines *volumen,* einer Schriftrolle, ist nun Attribut der Totengötter, die aus dem geöffneten Werk dem Verstorbenen die Zukunft vorlesen. Ein Sarkophagdekkel des späten 5. Jahrhunderts aus Chianciano zeigt eine geflügelte weibliche Figur, die neben dem toten Mann eines von diesen Büchern aufrollt. Es ist eines der frühesten Zeugnisse etruskischer Religionspraxis, die zum Teil auf Offenbarungen gründet, die schriftlich verkündet werden.

Im privaten Bereich gehen im 5. Jahrhundert Texte mit Eigentumsangaben zurück, und Votivinschriften über Schenkungen kommen nach 550 v. Chr. überhaupt nicht vor. Dieser Brauch scheint also langsam verlorengegangen beziehungsweise überflüssig geworden zu sein. Dafür wurden vermehrt

Luxusgüter des persönlichen Gebrauchs, wie Vasen, Ringgemmen oder Bronzespiegel, beschriftet, indem die darauf abgebildeten Szenen von erklärenden Texten begleitet sind. Dieser Brauch entstand unter dem Einfluß der im 6. und 5. Jahrhundert in großen Mengen eingeführten griechischen Töpferware. Die etruskischen Kopien zeigen nun die griechischen Götter und Heroen in den typischsten Episoden ihres legendären Daseins. Sie sind hier offensichtlich Symbol einer heitern, genußfreudigen Lebensform und Weltsicht. Die häufigsten Namen sind jene von Herakles *(Hercle)*, Achilles *(Achle)*, Ulysses *(Uturze)*, von den Sieben gegen Theben (darunter *Amphiare, Atresthe, Partinipe, Evtucle* und *Phulnice*), von Helena *(Elina, Helene)* und von Menelaos *(Menle)*. Die Inschriften belegen die Popularität griechischer Sagen in Etrurien, die nun nicht mehr nur mündlich, wie in archaischer Zeit, sondern auch durch Bilder – vielleicht Texte – weitergegeben wurden.

Das kurz nach der Mitte des 4. Jahrhunderts v. Chr. entstandene Fresko aus der Tomba François in Vulci (heute in der Villa Albani in Rom) illustriert ein dramatisches Ereignis, dessen „Hauptdarsteller" auch aus schriftlichen Quellen bekannt sind. Dieser Ausschnitt zeigt links Macstrna (den späteren römischen König Servius Tullius), wie er den militärischen Führer von Vulci, Caelius Vibenna, befreit (vgl. Seite 85). Rechts sind namentlich erwähnte Kämpferpaare dargestellt. Die Episode wird zwar nirgends erwähnt, doch dürfte sie die Allianz zwischen Servius Tullius und den Brüdern Caelius und Aulus Vibenna illustrieren, die gegen die tarquinischen Könige Roms kämpften.

Literatur

Im 4. Jahrhundert, zu der Zeit also, in der Szenen der eben beschriebenen Art am häufigsten „reproduziert" werden, erscheinen die Etrusker den Römern als Volk mit nachahmenswerter Kultur. Um die Jahrhundertmitte werden die Söhne der römischen *nobilitas*, des Adels, in Etrurien erzogen. Titus Livius berichtet (IX, 36, 3) über die Jugendzeit eines der Fabier, Marcus, in Caere: „... war er dort in den etruskischen Traditionen unterwiesen worden und kannte auch die etruskische Sprache gut. Ich habe Gewährsleute dafür, daß damals in Rom die Knaben, wie jetzt im Griechischen, üblicherweise im Etruskischen unterrichtet worden seien."

Es besteht kein Zweifel darüber, daß die Kenntnis der Schrift in Etrurien im Lauf des 2. Jahrhunderts am weitesten verbreitet war. Die nordetrurischen Gräberfelder um Chiusi und Perugia haben an die fünftausend beschriftete Grabbeigaben geliefert. Einige dieser Gegenstände gehörten Personen ziemlich niedern Standes, den sogenannten *lautni*. Zahlreiche Angehörige der volterranischen „Mittelschicht" – allerdings ausschließlich Männer – sind auf den Urnendeckeln mit Schreibtafelgarnituren in den Händen dargestellt. Sind die Tafeln geöffnet, zeigen sie den Namen des Verstorbenen. Bei andern Skulpturen hält die Figur eine aufgerollte Schriftrolle, ein echtes *volumen*.

Die symbolische Darstellung der Schreibkundigkeit des Verstorbenen war vermutlich ein Hinweis auf seinen Rang. Die Wachstafeln, die man mit einem spitzen *stylus* ritzte, waren für Erziehung, Handel, Archivwesen und dergleichen von Bedeutung. Die Schriftrolle galt als beständigerer Schriftträger. In der hellenistischen Zeit entwickelte sich bereits eine Art „Verlagssystem", um die große Nachfrage zu befriedigen. Die ersten Schriftrollen in diesem Raum wurden aus Leinen hergestellt; doch der Import von Papyrus aus Alexandrien ermöglichte in der Folge die allgemeinere Verbreitung des Schriftguts. Schließlich setzte sich auch Pergament durch, das nach dem zu Anfang des 2. Jahrhunderts zuerst im Königreich Pergamon entwickelten Verfahren erzeugt wurde. Außerdem schafften die römischen Feldherren nach der Eroberung Griechenlands „Berge" von Büchern und Kunstwerken nach Rom. Lucius Aemilius Paullus beispielsweise, der Sieger von Pydna (168 v. Chr.), sicherte sich bei der Teilung der Beute die Bibliothek des letzten makedonischen Königs Perseus.

Die aufgemalten oder eingravierten Texte der Schriftrollendarstellungen auf Urnen und Sarkophagdeckeln berichten natürlich über das Leben des Verstorbenen. Ein Sarkophag aus Tarquinia, der ungefähr um 180 v. Chr. entstanden sein muß, trägt ein *volumen* mit der längsten uns bekannten Inschrift. Der Text beginnt wie folgt: „Laris Pulcena, Sohn des Larce, Enkel von Larth, Urenkel von Velthur, Nachkomme des Griechen Laris Pule. Er war es, der dieses Buch von der Eingeweidenschau schrieb und der in der Stadt Tarquinia..." (siehe Seite 79). Der Rest des Texts ist nicht so leicht zu verstehen. Nach der Aufzählung der Vorfahren rühmt er auch die schriftstellerische Tätigkeit des Verstorbenen, der ein Buch über die Haruspizien geschrieben hatte, über die Wissenschaft also, die aus Eingeweiden wahrsagte.

Dem lobpreisenden Ton dieser Inschriften begegnet man auch in den Gräbern der bedeutenden römischen Familien des 3. und 2. Jahrhunderts. Die Votivtexte waren ein geeignetes Mittel zur Hervorhebung der Leistungen, die im von der Aristokratie regierten Rom gewöhnlich einzelnen oder Familien zugeschrieben wurden. Wahrscheinlich waren Texte dieser Art, die sich um den Ahnennachweis bemühten, nicht nur Teil einer mündlichen Überlieferung, sondern auch schriftlicher Tradition, die in den Familienarchiven gehütet wurde. Dies wäre die einzig mögliche Erklärung für die lateinischen Epitaphe unter den Statuen einiger Etrusker aus der Familie Spurinna im Tempel der *Iuno Regina* in Tarquinia, die ja einige Jahrhunderte vor der Regierung des Kaisers Claudius lebten, als die Epitaphe eingraviert wurden. Die im üblichen bündigen Stil verfaßten Inschriften zählen die wichtigsten politischen Aktivitäten der betreffenden Personen auf.

„Velthur Spurinna, Sohn des Larth, wurde zweimal Praetor. Als er im Amt war, befehligte er eine Armee auf Sizilien und führte dorthin eine andere. Er war der erste Etrusker, der das Meer mit einer bewaffneten Streitmacht überquerte, von der er in Anerkennung seiner Verdienste mit einem Schild und einer goldenen Krone ausgezeichnet wurde."

„Aulus Spurinna, Sohn Velthurs, wurde dreimal Praetor. Er hat Orgolius Velturnense [?], den König der Caeretaner, abgesetzt. Er befreite Arezzo, als es von einem Sklavenaufstand erschüttert worden war. Er nahm den Latinern neun Zitadellen..."

Trotz der Lücken im Text wird deutlich, daß die beiden Spurinna, Vater und Sohn, Magistraten in Tarquinia waren. Der Vater war wahrscheinlich jener Feldherr, der 413 v. Chr. den athenischen Truppen auf Sizilien zu Hilfe kam und sich mit seiner Streitmacht auf drei mit fünfzig Rudern ausgerüstete Galeeren einschiffte (*Thukydides* VI, 103). Der Sohn hingegen war um die Mitte des 4. Jahrhunderts in eine Reihe lokalpolitischer Konflikte verwickelt, in denen Rom und seine Verbündeten, die Latiner, ebenfalls ihre Hand im Spiel hatten.

Es dürfte wohl so gewesen sein, daß der Vater, Velthur Spurinna, der Inhaber der bekannten Tomba dell'Orco I in Tarquinia und ihres Bildschmucks war; die dortige lange Lobpreisung in Etruskisch gibt ähnliche Informationen wie der oben zitierte Text. Es scheint, daß es neben den „Familienarchiven" noch Sammlungen mehr historischen Charakters in Form von „Familiengeschichten" gab. Eine solche dürfte die Quelle für die Epitaphe der beiden Spurinnas gewesen sein. Belegt ist, daß solche „Familiengeschichten" zur Zeit der späten Römischen Republik bestanden und zu einer im 1. Jahrhundert erfolgreichen literarischen Gattung gehörten. Es handelt sich dabei um eine historisierende Literatur, die sich um die Rekonstruktion der Geschichte und der Überlieferungen der Völker des alten Italien bemühte.

Der bedeutendste ihrer Vertreter war Varro (116–27 v. Chr.). Sein Interesse an den Etruskern ist durch einige wenige Fragmente und einige der erhaltenen Werke belegt (wenige übrigens nur angesichts seiner immensen Produktion auf den verschiedensten Gebieten). Vermutlich stützte er sich auf die *Tuscae historiae* (Geschichte der Etrusker), Schriften, in denen die etruskische Überlieferung aufgezeichnet und nach ihren *saecula* geordnet wurden (den Perioden, in die die Etrusker ihre Geschichte eingeteilt hatten). Diese Texte wurden möglicherweise von den bedeutendsten Gelehrten der frühen Kaiserzeit, die sich mit den Etruskern beschäftigten, ausgewertet; wir verdanken Verrius Flaccus die *Rerum etruscarum libri* (Bücher über die Etrusker), und Kaiser Claudius selbst schrieb zwanzig Bände *Tyrrhenica.* Diese Bücher sind verschollen, doch berufen sich spätere Arbeiten kurz auf sie. Erhalten ist eine Rede des Claudius, in der der Kaiser die „etruskischen Schriftsteller" erwähnt.

„Zwischen Tarquinius Priscus und seinem Sohn oder Enkel (Tarquinius der Stolze) – die Quellen stimmen bezüglich dieser Frage nicht überein – muß Servius Tullius kommen. Nach römischen Geschichtsschreibern war seine Mutter die Sklavin Ocresia; nach den etruskischen war er ein naher Freund von Caelius Vibenna und in die Abenteuer des letzteren verwickelt. Nach zahlreichen Vorkommnissen ging er mit dem Rest der Truppen von Caelius nach Etrurien, bemächtigte sich des Mons Caelius, den er nach seinem Feldherrn benannte; und nachdem er seinen Namen in Servius Tullius umgewandelt hatte (auf etruskisch hieß er Mastarna), herrschte er dort zum unermeßlichen Nutzen des Staates" (*Corpus inscriptionum latinarum,* XIII, I, 17ff.).

Ein Echo dieser Überlieferung findet sich bei einem späten Kommentator, der sich auf Verrius Flaccus stützte. Er erwähnt, daß der *„vicus tuscus"* oder „das etruskische Stadtviertel" in Rom seinen Namen dem Umstand verdankt, „daß hier die Brüder Caelius und Aulus Vibenna lebten, die nach

Rom gingen, wie uns berichtet wird, zusammen mit Mastarna im Gefolge des Königs Tarquinius" (*Festus,* 486 L).

Die Etrusker verfügten also über ihre eigene historiographische Tradition, die, nebenbei bemerkt, eine von den römischen Annalen ziemlich abweichende Version der Anfänge und Taten des Servius Tullius bietet, dieses sechsten Königs von Rom, der als Gründer der eigentlichen Stadt betrachtet wurde. Dieselben Ereignisse werden auf sehr interessante Weise von den Malereien in der Tomba François beleuchtet, die aus der zweiten Hälfte des 4. Jahrhunderts stammen. Auf einer Grabwand erscheinen drei kämpfende Paare, in einer Ecke ist dann ein nackter Mann namens *Macstrna* abgebildet, der einen andern Mann von Fesseln befreit, der nach der Inschrift *Caile Vipinas* heißt. Drei der kämpfenden Männer unterliegen. Jedem von ihnen ist ein Name und die Bezeichnung der Herkunft seines Volkes beigegeben (Volsinii, Sovana und möglicherweise Falerii). Unter den drei Siegern ist der Name von *Avile Vipinas* hervorgehoben. Ein anderer Zweikampf ist gesondert dargestellt. Hier wird ein gewisser *Marce Camitlnas* dargestellt, wie er einen *Cneve Turchunies* genannten Römer ersticht. Man hat fast den Eindruck, Zeuge eines Krieges zu sein, den die vielleicht aus Vulci stammenden Generäle und Soldaten gegen die Römer und Männer aus den Städten des Tibertals führen. Der dramatische Höhepunkt der Szene ist die Befreiung von Caelius Vibenna durch Macstrna oder Mastarna (Servius Tullius). Diese Szene illustriert vielleicht eines der Vorkommnisse, die sich laut Kaiser Claudius vor der Ankunft der Vibennas und Mastarnas in Rom abspielten.

Eine im 1. Jahrhundert v. Chr. noch viel erfolgreichere literarische Gattung, die auf etruskischen Schriften beruhte, war die mit religiöser Vorausschau verbundene *disciplina etrusca.* Der römische Senat hatte möglicherweise beschlossen, das in Etrurien im Lauf der Jahrhunderte angehäufte religiöse Wissen und Brauchtum zu sammeln. Cicero teilte diese Bücher in *libri fulgurales* (über die Interpretation von Blitzen), *libri haruspicini* (über die Interpretation von Eingeweiden) und *libri rituales* (über die bei verschiedenen öffentlichen Anlässen durchzuführenden Riten) ein.

Die bewegten Zeiten der Bürgerkriege des 1. Jahrhunderts führten anscheinend in Rom zu einer Wiederbesinnung auf alte Glaubensformen, die den gelockerten Vorstellungen Widerstand leisten sollten. Möglicherweise wollte man die abergläubische etruskische Sicht von Natur und Welt wieder zur offiziellen Religion machen. Jedenfalls erscheinen nun populäre lateinische Werke über Religion aus der Feder von Römern etruskischer Herkunft. In der ersten Hälfte des 1. Jahrhunderts scheint Lucius Tarquitius Priscus die bekannten Texte zum Thema der *disciplina etrusca* gesammelt und übersetzt zu haben. Einige Bücher waren noch im 4. Jahrhundert n. Chr. unter dem Titel *Tarquitiani* als wertvolle Fundgrube im Gebrauch. Plinius der Ältere schöpfte aus ihnen, als er die Bücher II und XI seiner *Naturgeschichte* schrieb. Macrobius verwertete ihre Angaben, um bestimmte Heilmittel gegen schlechte Omen aus dem Pflanzenreich zu beschreiben. Aulus Caecina aus Volterra, ein Freund und Briefpartner Ciceros,

Oben: Ein anderer Ausschnitt des Freskos von Seite 82 zeigt nochmals Macstrna, der Caile Vipina (Caelius Vibenna) die Fesseln löst.

Links: Etruskischer krater *in korinthischem Stil mit Darstellung einer Opferszene aus Cerveteri, 580–560 v. Chr. (Museo Archeologico, Cerveteri). Die Kenntnis der griechischen Epen und Mythen war für die etruskische mündliche – und wahrscheinlich auch die schriftliche – Kultur von grundlegender Bedeutung und findet denn auch seit dem Ende des 7. Jahrhunderts ihren Niederschlag in der bildenden Kunst.*

Oben: Hochrelief auf einer Urne aus der Mitte des 2. Jahrhunderts v. Chr. aus Chiusi (Museo Archeologico, Florenz) mit der Darstellung eines etruskischen Mythos. Im Zentrum befindet sich der weissagende Cacus, *eine apollähnliche Gestalt, der sich selbst auf der Lyra begleitet, während zu seinen Füßen ein Sänger ruht. Die beiden als Krieger dargestellten Brüder Vibenna greifen ihn an, möglicherweise, weil sie ihm mit Gewalt sein Wissen um die Zukunft entreißen wollen.*

Vorhergehende Doppelseite: Dieses Fresko in der Tomba dei Tori in Tarquinia, von ungefähr 530 v. Chr., zeigt als einzige der archaischen tarquinischen Wandmalereien ein mythologisches Thema, und zwar Achill, der hinter einem Brunnen dem trojanischen Königssohn Troilos auflauert. Eine mögliche Erklärung für das ungewöhnliche Motiv ist eine Entsprechung in der Hausdekoration des Verstorbenen; andere vermuten, daß hier ein auf Mythologisches spezialisierter Vasenmaler mit der Ausschmückung beauftragt worden war.

der sich in die Politik mit einem Julius Caesar angreifenden Pamphlet einmischte, war vor allem ein bekannter Popularisator der *disciplina etrusca*. Die Wirkung seiner Schriften war so groß, daß sie zur Hauptquelle für Senecas *Naturales Quaestiones* wurden. Zeugnisse wie die Inschrift von Laris Pulcena, die von einem Buch über die Eingeweideschau der Tiere spricht, veranschaulichen das erstrangige Interesse der etruskischen Literatur an der Religion. Zu Ende des 2. Jahrhunderts v. Chr. bestätigte dann der griechische Philosoph Posidonius, daß die Etrusker „Bücher" über Natur- und Religionswissenschaft der Unterhaltungsliteratur vorzogen.

Dies widerspricht allerdings dem Bericht Varros über einen bestimmten Volnius, der zu Ende des 2. Jahrhundert v. Chr. gelebt haben könnte und der offensichtlich Tragödien in Etruskisch schrieb. Die Behauptung des Posidonius wird auch durch die überall manifestierte Kenntnis der griechischen Mythen relativiert. Urnenreliefs des 2. Jahrhunderts aus Chiusi und Volterra zeigen, daß in der Schicht ihrer Besitzer Themen wie der trojanische Zyklus, das Motiv der Sieben gegen Theben und die Geschichten um Orestes bevorzugt wurden. All diese Themen haben ja auch die römischen Tragödienschreiber des 3. und 2. Jahrhunderts, wie Livius Andronicus Naevius, Ennius, Pacuvius und Accius, in ihren Werken verarbeitet.

Wie bei der römischen Literatur hatten die Familientraditionen auch entscheidende Bedeutung für das Schrifttum der Etrusker. Das religiöse Schrifttum konnte sich zwar auf priesterliche Quellen berufen, ihre Entstehung wurde aber den „Fürsten" zugeschrieben, von denen man annahm, daß sie die Anordnungen des mythischen Herrschers Tages nach seinem Diktat niedergeschrieben hatten. Die Geschichtsschreibung gründete hingegen auf Familientraditionen, deren ununterbrochene Überlieferung entweder durch Archivtexte oder durch zu Hause aufbewahrte Stammbäume gewährleistet war. Die Literatur für die „Laien" schließlich, die Unterhaltungsliteratur, konnte auch zu schriftlich fixierter Tradition werden, als Etrurien wie Rom von der hellenistischen Kultur hinreichend beeinflußt worden waren.

Wie in Rom vor dem Tarentinischen Krieg, der die *nobilitas* mit den Dichtern der Magna Graecia, des von Griechen besiedelten Süditalien und Sizilien, bekannt machte, mußten sich in Etrurien schriftliche Aufzeichnungen auf Texte öffentlicher Natur beschränken. Epen, Gedichte, Wiegenlieder oder Totenklagen wurden weiterhin mündlich überliefert. Der einzige erhaltene literarische etruskische Text ist religiöser Natur und veranschaulicht, wie das geschriebene Wort der Überlieferung von Wissen diente, das Generationen von Priestern eifersüchtig gehütet hatten. Es handelt sich um das berühmte Leinenbuch, das heute im Besitz des Zagreber (Agramer) Museums ist. Seine Geschichte ist nur bruchstückweise bekannt. Um 1848 kaufte ein kroatischer Sammler namens Mihajlo Baric entweder während einer Ägyptenreise oder von einem New Yorker Antiquitätenhändler einige ägyptische Antiquitäten. Als die Kollektion 1867 in den Besitz der kroatischen Akademie in Zagreb gelangte, war die Leinenrolle in verschiedene Bänder geteilt, die als Mumienbinden dienten.

Sie sollen die Mumie eines Mädchens aus derselben Kollektion eingebunden haben. Fünfundzwanzig Jahre später, 1892, bestätigte J. Krall offiziell, daß die Binden ein Teil des längsten bekannten etruskischen Texts seien. Es gelang, über 13,50 Meter der 33 Zentimeter breiten Leinenrolle zu rekonstruieren. Der Text ist mit roter Tinte in zwölf Kolumnen mit je dreißig Zeilen geschrieben. Die Kolumnen sind durch vertikale Linien geteilt. Der Text beginnt am rechten Ende, da ja auch die Schrift von rechts nach links läuft.

Der Text umfaßt mehr als 1200 Wörter. Er ist wahrscheinlich in Paragraphen eingeteilt; jeder Absatz beschreibt die an bestimmten Jahrestagen durchzuführenden Zeremonien. Die Instruktionen sind oft unveränderlich, Varianten treten nur bei den Götternamen auf, während die Opfergaben von Wein und Tieren von den Vorteilen abhängen, die die – nicht identifizierte – Stadt oder die gesamte etruskische Nation erwirken wollen. Die liturgischen Formeln wiederholen sich mehrfach, allerdings mit phonetischen beziehungsweise orthographischen Varianten, die möglicherweise durch die Unerfahrenheit des Schreibers, der den Text vielleicht nach Diktat aufzeichnete, verursacht wurden.

Die Schriftrolle scheint also die Riten einer etruskischen Gemeinde fixiert zu haben. Die Gemeinde dürfte im späten 1. Jahrhundert im mittlern oder obern Niltal angesiedelt gewesen sein. Die Existenz einer etruskischen Kolonie in Ägypten überrascht nicht, wenn man bedenkt, daß eine andere Gruppe von Etruskern, von einem bestimmten *Marce Unata* (vielleicht aus Chiusi) angeführt, sich zu gleicher Zeit in Tunesien niedergelassen und Ländereien im Tal des unweit von Karthago ins Meer mündenden Wadi Miliane in Besitz genommen hatte. Sie führten die zur Abgrenzung ihres Landbesitzes notwendigen Riten unter dem Schutz des Tinia durch, in Einklang mit den in ihrer Heimat von Generation zu Generation tradierten Bräuchen.

Daß der einzige größere etruskische Text auf dem Umweg übers Niltal auf die Nachwelt gekommen ist, mutet wie ein Treppenwitz der Weltgeschichte an – doch hat er wenigstens eine für die Wissenschaft unschätzbare Pointe.

Hydria *aus Caere (Cerveteri), 530–520 v. Chr. (Museo di Villa Giulia, Rom). Eine bei den Etruskern beliebte Gestalt der griechischen Heldensagen war Herakles. Hier die komische Version einer seiner zwölf Taten: Der Held bringt – wie aufgetragen – den Höllenhund Kerberos zu Eurystheus, der sich erschrocken in einen* pithos *flüchtet.*

Das religiöse Leben

Der Einfluß auf Rom

Es ist allgemein akzeptiert, daß die Religion eines bestimmten Volks am ehesten aus möglichst vielen mündlichen und schriftlichen Zeugnissen begriffen werden kann beziehungsweise verständlich wird. Bei einer untergegangenen Kultur wie jener der Etrusker, von der nur sehr wenige – und erst noch schwer verständliche – Texte erhalten blieben, müssen griechische und lateinische Quellen eine Vermittlerrolle spielen. Jeder Vermittler ist allerdings zugleich ein Interpret, da er seinen eigenen Eindruck wiedergibt und seine Stellungnahme vom Geist seiner eigenen Zeit beeinflußt ist. Es ist daher keineswegs einfach, die tatsächlichen religiösen Vorstellungen der Etrusker anhand der römischen Autoren zu erfassen, da diese seit Cicero die etruskischen Riten von ihrer eigenen Situation und ihrem eigenen Weltbild her beurteilten.

Eine andere Möglichkeit der Annäherung ist die Interpretation von Kunstwerken mit Darstellungen mythologischer Szenen oder von Göttern. Die Aussage dieser Belege muß allerdings auch durch andere Zeugnisse bestätigt werden, da sie nur indirekte Beweise sind – Symbole einer von der Geschichtsforschung nur schwer rekonstruierbaren psychologischen Realität.

Die Etrusker, die in der römischen Literatur als ein Volk mit den mannigfaltigsten Formen von Aberglauben und Kulten dargestellt werden, hatten die Weissagung zur „Wissenschaft" ausgebaut, die, wie bereits erwähnt, auch ein umfangreiches Schrifttum entwickelte. Der durch seine „Etruskologie-Manie" berühmt gewordene Kaiser Claudius (41–54 n. Chr.) ließ die gesamte etruskische Lehre von der Deutung der Naturereignisse sammeln: „In unglücklichen Zeiten des Staates seien oft die Opferschauer berufen worden, nach deren Weissagung die heiligen Handlungen erneuert und fürderhin genauer beobachtet worden seien. Die Großen Etruriens hätten von sich aus oder auf Betreiben des römischen Senats diese Kunst bewahrt und in ihren Familien fortgepflanzt" (Tacitus, *Annalen,* übertragen von C. Hofmann, München 1978).

Vergoldeter Silberkessel aus Chiusi, gegen 650 v. Chr. (Museo Archeologico, Florenz). Die Ritzzeichnung ist eine der ältesten bekannten Darstellungen einer etruskischen Opferzeremonie. Der Gegensatz zwischen den naturalistisch wiedergegebenen Tieren und den fast ägyptisch stilisiert wirkenden Menschen ist frappierend.

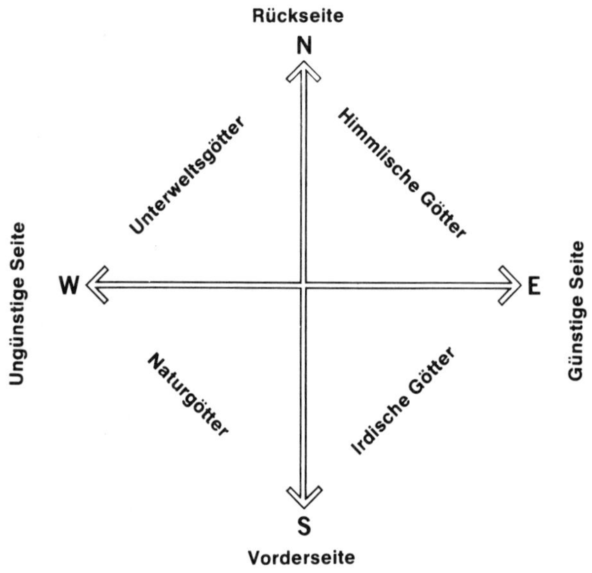

Die etruskische Kosmologie

Tacitus zitiert hier aus einer Rede, mit der Claudius die Senatoren überzeugte, den *pontifices* – der höchsten religiösen Autorität im römischen Staat – die Reorganisation der Weissagung und die Leitung der Körperschaft von sechzig für die Orakeldeutung verantwortlichen Haruspizes anzuvertrauen.

Die Deutung des Vogelflugs nahm mit der Zeit verschiedene Formen an. Erhalten sind nur einige Textfragmente etruskischer Schriftsteller des 1. Jahrhunderts v. Chr. (Aulus Caecina, Nigidius Figulus und Tarquitius Priscus). Zahlreiche spätere römische Autoren berichten aber über den Inhalt der Bücher, wobei sie ihre Angaben entweder direkt aus den etruskischen Quellen oder aus Übersetzungen des 1. Jahrhunderts v. Chr. beziehen. In seinen *Naturales Quaestiones* übernimmt Seneca direkt aus der *Disciplina etrusca* von Aulus Caecina; die *Historia naturalis* von Plinius verwendet die Sammlung etruskischer Wunder, die Tarquitius Priscus zusammenstellte. Verrius Flaccus, ein Schriftsteller, der sich in außergewöhnlichem Maß für die Kultur der Etrusker interessierte, konnte vermutlich die Originaltexte lesen, ähnlich wie Cornelius Labeo, ein Autor des 2. Jahrhunderts n. Chr., von dem angenommen wird, daß er einen fünfzehnbändigen Kommentar über die Religion der Etrusker geschrieben hat.

Besonders die römischen Schriftsteller betonen die grundlegende Bedeutung der geschriebenen Texte für die religiösen Bräuche der Etrusker, deren gesamte religiöse Tradition hier fixiert war. Da diese Schriften mythischen Figuren wie Tages oder der Nymphe Vegoia zugeschrieben wurden, kann die Religion der Etrusker eigentlich als Offenbarungsglaube bezeichnet werden, dessen Inhalt – wie im Fall einiger moderner Religionen – anhand heiliger Bücher überliefert wird.

In seinem Buch über die Weissagung beschreibt Cicero eine der charakteristischsten Praktiken etruskischer Zeichendeutung, die Untersuchung von Tierlebern.

„Es wird erzählt, daß, als man die in der Nähe von Tarquinia befindlichen Felder ackerte, plötzlich aus einer tiefer gepflügten Furche ein bestimmter Tages heraussprang, der zu dem Ackermann sprach. Die Etruskischen Bücher behaupten, daß Tages wie ein Kind aussah, aber von der Weisheit eines alten Mannes war. Der Bauer erstaunte, als er ihn gewahrte, und schrie in seiner Verwunderung; die Leute versammelten sich, und es schien bald, als ob ganz Etrurien auf diesem Ort zugegen wäre. Tages sprach dann zu der zuhörenden Menge über verschiedene Themen, und sie sammelten und schrieben alles nieder, was er sagte. Das, wovon er sprach, war eigentlich die Wissenschaft der Orakeldeutung, die mit der Zeit auch mit andern Gedanken bereichert worden war, welche sich alle auf die von Tages festgelegten Prinzipien gründeten" (*Über die Weissagung,* II, 23).

Das Kind verschwand genauso plötzlich, wie es aufgetaucht war. Die von ihm enthüllten Wahrheiten wurden schriftlich festgehalten und konnten folglich nur von Lesekundigen verstanden werden. Andere lateinische Autoren behaupten, daß die als *lucumones* bekannten frühen Könige diese Weissagungen niedergeschrieben hatten oder daß der Gott selbst sie den zwölf Söhnen der etruskischen Prinzen diktierte (ein offensichtlicher Bezug auf den etruskischen Zwölfstädtebund).

Die Römer waren den Etruskern nie besonders freundlich gesinnt, und ihr traditioneller Widerwille muß zu der Zeit, als Rom unter der Herrschaft der etruskischen Könige stand, nur größer geworden sein. Aber einmal mit Problemen religiöser Art konfrontiert, akzeptierten sie die von den etruskischen Priestern gebotenen Deutungen der Naturereignisse vorbehaltlos. Diesen Respekt vor der etruskischen Orakeldeutung leiteten sie sogar von der Gründungsgeschichte ihrer eigenen Stadt ab. Cicero selbst schrieb:

„Vor allem von Romulus, dem Gründer unserer Stadt, wird behauptet, daß er sie nicht nur den Auspizien (Orakeldeutungen) folgend gegründet habe, sondern daß er selbst ein Augur (Seher) von außergewöhnlichen Fähigkeiten gewesen sei. Nach ihm wandten sich auch andere Könige an die Weissager; und nachdem die Könige vertrieben worden waren, wurde über keine Staatsangelegenheit, ob in Kriegs- oder Friedenszeiten, entschieden, ohne die Orakel zu befragen. Und da die Wissenschaft von den Haruspizien sehr erfolgreich zu sein schien in der Befragung der Omina (Vorzeichen) und in der Abwendung drohenden Unheils, wurde diese ganze Wissenschaft aus Etrurien eingeführt, damit keine Art der Weissagung vernachlässigt bleibe" (*Über die Weissagung* I, 2).

Insbesondere in den Jahren, als die Römische Republik am meisten bedroht war und die göttlichen Vorzeichen auf der Tagesordnung standen, war es fast Pflicht, die etruskischen Haruspizes darüber zu befragen: „Wenn der Senat es befiehlt, soll an die etruskischen Haruspizes die Meldung von den Wundern und Vorzeichen gehen" (Cicero, *Gesetze,* 2, IX).

In der Tat umfaßte die in der Zeit der Republik entwickelte römische Religion sowohl die etruskische Weissagung wie

Bronzespiegel des frühen 3. Jahrhunderts v. Chr. aus Tuscania (Museo Archeologico, Florenz). Die Gravur zeigt, wie der mythische Tages, hier Pava Tarchies *genannt, den Tarchon* (Tarchunus) *in der Eingeweideschau unterrichtet.*

auch die Institution der Pontifizes und Auguren, mit Schwergewicht auf der Abwendung drohenden Unheils. Nach dem Geschichtsschreiber Valerius Maximus, der zur Zeit des frühen Kaisertums schrieb, hatte der Senat in der Vergangenheit jeweils zehn junge Römer in zehn etruskische Städte entsandt, damit sie die Weissagung erlernten.

Die Weissagung

Das lateinische *disciplina etrusca* kann man als „etruskische Wissenschaft" übersetzen. Diese Fügung wurde von den Römern benutzt, um die gesamte Lehre von der Deutung des göttlichen Willens zu bezeichnen, der sich durch himmlische Zeichen, bestimmte Naturereignisse und Vorzeichen offenbarte, bis hin zu den Sühneriten zur Abwendung von schädlichen Folgen ungünstiger Omina.

Bei der Deutung von Naturereignissen mußten deren physikalische Eigenschaften beobachtet werden. Das bedeutet aber keineswegs, daß die Etrusker deswegen eine rationelle Wissenschaft vom Geschehen in der Natur ausgebildet hätten. Unsere bedeutendste Quelle für die *disciplina etrusca* sind die *Naturales Quaestiones* von Seneca. Er kritisiert die Etrusker wegen ihrer mystischen Einstellung, weil sie in Widerspruch zur Rationalität der Wissenschaft stand, die sich seit Aristoteles durchgesetzt hatte. „Zwischen den Römern und den Etruskern gibt es folgenden Unterschied. Wir glauben, daß Blitze durch Zusammenstöße der Wolken entstehen, während sie des Glaubens sind, daß Wolken zusammenstoßen, damit Blitze entstehen. Da sie alles Geschehen auf die Götter zurückführen, verfallen sie dem Glauben, daß die Ereignisse nicht eine Bedeutung haben, weil sie geschehen sind, sondern daß sie geschehen, weil sie eine Bedeutung tragen sollen" (*Naturales Quaestiones* II, 32, 2).

Mit andern Worten: Die ganze Natur steht unter der Kontrolle der Götter. Die Naturereignisse sind ganz einfach die an Leute gerichteten Warnungen betreffs ihrer Zukunft. Jedes Vorzeichen – das heißt jedes Ereignis, das außerhalb der „Regel" war – hatte notwendigerweise eine Bedeutung, die ergründet werden mußte, wenn es galt, den göttlichen Willen auszulegen. Die *disciplina etrusca* hat deshalb alle „Zeichen" und ihre Bedeutungen, insbesondere ihre Folgen für die Zukunft, klassifiziert. Die Weissagung wurde dabei mit Hilfe einer Tradition, die alle früheren und gegenwärtigen „Vorzeichen" verzeichnete, systematisiert und zementierte notwendigerweise diese irrationale Kosmologie.

Sie beginnt mit der Beobachtung des Himmels, des Aufenthaltsorts der Götter, von dem die Römer als dem *templum caeleste,* dem himmlischen Tempel, sprechen. Der etruskische Himmel war durch zwei Achsen, die sich im Zentrum rechtwinklig kreuzten und die vier Himmelsrichtungen verbanden, geviertelt. Die Nord-Süd-Achse wurde als der *cardo* bezeichnet, die Ost-West-Linie als der *decumanus.* Nach dem spätrömischen Dichter Martianus Capella war jeder der vier Sektoren nochmals geviertelt, und jeder Teil war einem besonderen Gott als Wohnort vorbehalten. Im Nordostsektor wohnten vier himmlische Götter, vier Höllengötter siedelten im nordwestlichen Teil. Die acht Wohnorte der Südwest- und Südostviertel waren acht Erdengöttern vorbehalten. Entsprechend dem Lauf der Sonne wurde der Osten als günstiges Gebiet und als Quelle des Lebens betrachtet, der Westen war dagegen ungünstig. Deswegen war jedes im Ostsektor erscheinende Vorzeichen ein gutes Omen, und alles, was im westlichen Teil vor sich ging, kündete Unheil an. Da der bedeutendste Gott, Tinia, im Norden wohnte, kam den aus diesem Sektor kommenden Vorzeichen besondere Bedeutung zu.

Nach Servius, der einen Kommentar zu Vergils *Aeneis* schrieb, wurde der Blitz von den Etruskern *manubia* genannt. Die Götter sandten ihn aus ihren himmlischen Wohnsitzen. Nur Tinia, der mindestens drei Sitze hatte, konnte auch von andern Thronen aus Blitze schleudern. Nach Seneca gab es neun Götter, denen Tinia das Recht des Blitzens zugestanden hatte, wobei er ihre Sitze zum gleichen Zweck auch selbst beanspruchte. Während jeder der andern Götter nur eine Art von Blitz auf die Erde schicken konnte, stand es in der Macht Tinias, drei verschiedene Blitze zu schleudern. Der erste war das *fulmen praesagum* (der voraussagende Blitz) und diente als Warnung. Der zweite war das *fulmen ostentorium* (der furchterregende Blitz). Dieser war angsteinflößend, konnte aber nur mit dem Einverständnis von zwölf Göttern, den *dei consentes* oder zustimmenden Göttern, ausgesandt werden. In seiner langen Auslassung über die *disciplina etrusca,* in der er Aulus Caecina paraphrasiert, schreibt Seneca: „Diese Art von Blitz konnte ab und zu günstige Auswirkungen haben, aber seine Absicht ist dessenungeachtet schädlich, weil er nie Gutes bewirkt, ohne jemand zu bestrafen." Die dritte Art von Blitz konnte von Tinia erst nach Rücksprache mit wieder andern Göttern geschleudert werden, die Seneca als „die höchststehenden und in Geheimnis gehüllten" *(superiores et involuti)* beschreibt. Es war das *fulmen peremptorium* (etwa: der alles vernichtende Blitz), dessen Folgen immer Unheil brachten. Wo er einschlug, war alles „verheert" und „das öffentliche und private Leben verändert".

Die Bestimmung der Blitze muß eine recht komplizierte

Der Auftraggeber für die Tomba François (vgl. Seiten 82 und 85) gehörte zum Adel des 4. Jahrhunderts in Vulci. Eines der Gemälde zeigt ihn in prachtvoll bestickter Toga, begleitet von seinem Sklaven Arnza, *der sich anschickt, einen Vogel loszulassen.* Vel Saties *blickt gespannt nach oben, um die Flugbewegungen des Tieres deuten zu können.*

Angelegenheit gewesen sein. Dabei war der Blitz das „bedeutendste Vorzeichen" *(auspicium maximum)*. Seine Auswirkungen wurden nach dem Einschlagsort, der Zeit seines Erscheinens am Himmel und den sich aus ihm ergebenden Folgen für die menschliche Tätigkeit gemessen. Über die von den andern Göttern geschleuderten Blitze ist nur bekannt, daß fünf von ihnen in latinisierter Form als Juno, Minerva, Vulkan, Mars und Saturn bezeichnet werden.

Die *disciplina etrusca* umfaßte auch die bei der Ausübung der Sühneriten geltenden Regeln. Wie in Rom wurde der Ort eines Blitzeinschlags für heilig gehalten und an der Stelle ein „Blitzgrab", die *tomba di fulmine*, errichtet, das entweder umzäunt oder mit einem kleinen Hügel bedeckt wurde. Die Römer begruben an solchen Plätzen die vom Blitz getroffenen Gegenstände und die Körper der vom Blitzschlag Getöteten. Nach dem römischen Dichter des 1. Jahrhunderts Persius aus Volterra wurde dann eine solche Stelle für unheilbringend gehalten und war zu meiden *(triste et evitandum)*. Das Blitz-

Oben: Oberseite des Bronzemodells einer Schafsleber, das in Settima bei Piacenza gefunden wurde (Museo Civico, Piacenza). Die Einteilung der verschiedenen Sphären und Deutungsbereiche ist deutlich zu erkennen.

Rechts: Aule Lecu, *ein Mitglied der Volterraner Aristokratie im 2. Jahrhundert v. Chr., ist auf diesem Urnendeckel mit einer Schafsleber als Zeichen seiner Funktion als Priester und Haruspex porträtiert (Museo Guarnacci, Volterra).*

grab wurde als *bidental* bezeichnet – ein Wort unbekannter Herkunft, das aber von *bidens* abgeleitet sein könnte, von der Bezeichnung der zweizinkigen Gabel, die als Blitzsymbol diente, oder von *bidentes,* einem Beiwort, das erwachsene Tiere bezeichnete, die ihre zweiten Zähne hatten und bei der Weihe von Einschlagstellen geopfert wurden.

Die Angaben der römischen Literatur bezüglich des Naturdeutungssystems im Rahmen der *disciplina etrusca* sind widersprüchlich und fragmentarisch. Ihre Schilderungen beziehen sich möglicherweise auf verschiedene Entwicklungsstufen der etruskischen Wissenschaft, so daß der ursprüngliche Kern der Lehre verschleiert ist. So heben die Autoren besonders die Zahl drei und ihre Multiplikationen hervor. Tinia verfügt über drei Blitzarten, es gibt neun blitzschleudernde Götter, zwölf *dei consentes* und vielleicht zwölf dei *superiores et involuti,* die, wie es scheint, zusammen das Schicksal verkörpern. Nach Arnobius gehen sie – sechs männliche und sechs weibliche Gottheiten – zusammen auf und unter. Diese Kosmologie erinnert an das System der zwölf Tierkreiszeichen und steht in Widerspruch zur Einteilung des Himmels in vier Bereiche. Es besteht allerdings kein Zweifel darüber, daß sich die ursprüngliche etruskische Lehre unter dem Einfluß der Griechen veränderte, deren wissenschaftliche Untersuchung des Universums und der natürlichen Phänomene seit Plato sehr viel östliches Gedankengut aufgenommen hatte. Solche Einflüsse sind anhand der „Leber von Piacenza", des kleinen bronzenen Modells einer Schafsleber aus dem 2. Jahrhundert v. Chr., festzustellen; und das führt uns zu einem andern Bereich etruskischer Weissagung: der Schau und Deutung von Eingeweiden.

Nach etruskischer Anschauung sind die Himmelsteilungen auf der Erde genau nachgebildet. Der Makrokosmos spiegelt sich im Mikrokosmos wider, unabhängig davon, ob der Mikrokosmos ein bestimmtes Gebiet oder eine so kleine Fläche wie eine Tierleber ist. Die bereits erwähnten Legenden um Tages verdeutlichen, daß die Schau von Tierlebern eine spezifisch etruskische Weissagungstechnik war, im Gegensatz zur Blitzdeutung *(ars fulguratoria)* und Vorzeichendeutung *(ostenta)* – insbesondere der des Vogelflugs –, die sich auch bei den frühen Römern und andern italischen Völkern finden. Die Art, wie der etruskische Haruspex die Leber untersuchte, unterschied sich tatsächlich von der römischen. Der Etrusker nahm nämlich zuerst die Leber heraus, während der Römer das Eingeweide noch im Körper untersuchte.

Auf einem aus dem 3. Jahrhundert v. Chr. stammenden Spiegel ist ein die Leberschau vornehmender Haruspex dargestellt. Ein junger Mann in der Haruspextracht, der eine konische Kappe mit langem Anhängsel trägt, hält eine Tierleber in der Hand. Eine Inschrift teilt seinen Namen mit: Pava Tarchies. Sein linker Fuß stützt sich auf einen Felsblock, der linke Arm liegt auf dem linken Knie. In der Hand ruht das bedeutendste Stück der Leber, *processus pyramidalis* genannt; die zwei Lappen hängen beidseits herab. Wer immer auch die Eingravierungen schuf, er bemühte sich, zwei wichtige Partien auf dem linken Lappen zu zeigen, die Gallenblase und den *processus papillaris;* der letztere ist durch ein kleines Dreieck

bezeichnet. Andere Gegenstände zeigen Leute in gleicher Haltung. Eine Graburne aus dem späten 2. Jahrhundert beispielsweise trägt auf ihrem Deckel die Abbildung eines liegenden Adligen aus Volterra mit einer Leber in der Hand. Er ist dem Zuschauer zugewandt, mit dem Eingeweide zu seiner Linken.

Die beste Erklärung der Bedeutung, die die Etrusker der Leberschau beimaßen, bietet allerdings das in Piacenza gefundene Bronze-Lebermodell. Der Stil seiner Inschriften weist auf die Herkunft aus Cortona hin. Im antiken Brauchtum war die Leber vom psychologischen wie vom physiologischen Standpunkt aus das bedeutendste menschliche Organ, weil man sie für den Sitz und Regulator der Gemütsregungen hielt. Die nach außen gewölbte Seite des Lebermodells, die anatomisch der Oberfläche der Leber entspricht, ist durch eine Schnur in zwei Lappen geteilt: auf der rechten Seite steht das Wort Sonne *(usil)*, auf der linken ein Wort, das vielleicht Mond heißt *(tivr)*. Die größte Bedeutung kommt aber der flachen Seite zu, mit der hervorragenden Gallenblase, dem *processus pyramidalis* und dem *processus papillaris*. Die gesamte Oberfläche ist in Abteilungen zerlegt. Um die Ränder gibt es deren sechzehn, und das Innere des linken Lappens ist vom Zentrum nach außen in sechs dreieckige Abschnitte getrennt. Der rechte Lappen hat dreizehn Abteilungen, die auch die Gallenblase decken. Fünf weitere Bereiche sind im Zentrum der zwei Lappen markiert, so daß sich die Gesamtzahl von vierzig Abschnitten ergibt. In jeden Abschnitt ist, oft in verkürzter Form, der Name eines Gottes geritzt.

Dieses Lebermodell ist höchstwahrscheinlich eine Art Lehrbehelf. Die mit den eingravierten Namen versehenen Abteilungen dienten dem Unterricht; jeder Teil der Leber gehörte der Lehre nach einem Gott, der seinen Sitz vom Himmel auf die Oberfläche der Leber versetzte. Deshalb gibt es dem Rand der Leber entlang sechzehn Abteilungen – entsprechend den himmlischen Wohnbereichen.

Das Ritual der Eingeweideschau war ziemlich kompliziert. Das ausgewählte Tier mußte gesund sein. Wenn es ohne Widerstand dem Priester folgte, wurde es geopfert. Wenn nicht, wurde es verstoßen. Nach dem Schlachten und Aufbrechen des Tieres nahm der Haruspex als erster die Leber heraus und untersuchte die Größe und Farbe des gesamten Organs und seiner Teile. Das Modell von Piacenza gehört allerdings einer Zeit an, in der die etruskische Religion komplexer und die Arbeit des Haruspex komplizierter geworden war, da sie auch die Einteilung der himmlischen Regionen auf irdischen Oberflächen reflektiert. Bei einer Leber konnte beispielsweise die Ideallinie, die sie in zwei Teile teilte, die Entsprechung des *cardo* (der Nord-Süd-Linie) sein. Der rechte Lappen zeigte die östliche Richtung an und war ein günstiges Vorzeichen, der linke hingegen, der nach Westen wies, verkündete Unheil. Die sechzehn Bereiche an den Rändern der Leber entsprachen den Sitzen der acht guten und acht bösen Götter. Die Bedeutung der innern Bereiche war Gegenstand zahlreicher Diskussionen, konnte aber noch nicht befriedigend geklärt werden.

Die Leber von Piacenza gehört einer ziemlich späten Periode an, in der die Blitzdeutung die Leberschau wesentlich beeinflußte. Auf eine frühe Stufe, als die Schau vielleicht einfach die Beobachtung der besondern physischen Merkmale der Leber umfaßte, folgte wahrscheinlich eine, in der die theologische Interpretation der astronomischen Beobachtungen eine Projektion der himmlischen Teilungen auf die Leber veranlaßte, mit dem Ergebnis, daß jede Unregelmäßigkeit der Oberfläche Anlaß zur Weissagung bot, je nach dem Bereich, auf dem die Unregelmäßigkeit auftrat.

Die Oberfläche einer Leber fügt sich einwandfrei in den Rahmen der drei Bereiche ein, die gedeutet wurden und die schon Varro eindeutig als Himmel, Erde und Unterwelt bezeichnete. Nicht nur die Oberfläche einer Leber, auch jeder geweihte Bereich, ob mit Pfählen oder Bäumen markiert (auch steinerne *cippi* kommen vor), mit Holzwänden oder Bändern umfriedet, konnte als geeigneter irdischer Ort betrachtet werden. Ein *templum* war folglich ein Raum, der dem Gebet und dem Vorzeichenempfang vorbehalten war und wo der Priester oder wer auch immer die himmlischen „Zeichen“ erwartete. Für die Deutung beziehungsweise Lokalisierung von Blitzen mußte der Beobachter auf einem Idealpunkt stehen, das heißt auf der Nord-Süd-Linie, mit dem Südhimmel im Rücken, so daß der günstige Bereich zu seiner rechten Hand und der ungünstige zur Linken lag.

Als geweihter irdischer Raum wurde das *templum* auch als wesentlicher Bezugspunkt für zeremonielle Zwecke der Gemeinschaft aufgefaßt. Wenn es auch nicht eine genau zentrale Lage in der Stadt eingenommen haben dürfte, war das *templum* doch die ideale und religiöse Mitte des gesamten *pomerium,* wie der ebenfalls für heilig gehaltene Bezirk entlang den Stadtmauern genannt wurde. Der Himmel war der geistige Bezugspunkt des Priesters, der Plan des irdischen *templum* spiegelt folglich formal die himmlische Ordnung wider. So hatten die Götter auch ihre irdischen Wohnorte. Hier handelt es sich vielleicht um einen andern Fall der Beobachtung von Vorzeichen hinsichtlich ihrer individuellen Merkmale (welche Vogelarten wurden gesehen, welches waren ihre Stimmen usw.?), zu der sich später das Interesse an der Herkunft der Merkmale oder an der Richtung, aus der sie kamen, gesellte. Unter den wenigen Überresten des etruskischen Wortschatzes, die dank den antiken Schriftstellern erhalten blieben, gibt es eine ziemlich ansehnliche Gruppe von Vogelnamen. Sie sind wahrscheinlich ein Bestandteil der etruskischen Augurentradition (die Auguren deuteten insbesondere den Vogelflug).

Überliefert sind auch einige Tier- und Pflanzennamen, und ein Zweig der Weissagung deutete denn auch insbesondere alles Ungewöhnliche im Tier- oder Pflanzenbereich. Sogar die Bäume nahmen an dem grundlegenden Gegensatz zwischen Gut und Böse teil, der für das gesamte Universum galt. Eine Pflanzenart, deren Saft weiß und die eßbar war, gehörte zu den unter glücklichen Vorzeichen stehenden, eine andere, ungenießbar und mit dunklem Saft, symbolisierte das Böse. Alles außerhalb der Norm konnte die Zukunft verkünden, die des einzelnen wie die der Gemeinschaft oder der Welt; die

Rechts: Bronzener lituus *aus einem Grab des frühen 6. Jahrhunderts in Cerveteri (Länge: 36 Zentimeter; Museo di Villa Giulia, Rom). In dieser Zeit war der Lituus Symbol sowohl politischer wie priesterlicher Autorität, da die beiden Funktionen noch nicht getrennt wurden.*

Links: Unter der romanischen Pfarrkirche von Socana bei Arezzo – aus dem 11. Jahrhundert – wurden die Fundamente eines etruskischen Tempels entdeckt, dessen Eingang unter der Apsis liegt. Der rechteckige Altar vor diesem Rundbau mißt 5 auf 3,75 Meter. Die regelmäßig bearbeiteten Steine sind mit Eisenklammern zusammengehalten. Die Anlage stammt aus dem 5. Jahrhundert v. Chr.

Aufgabe der Priester bestand nicht nur in der Interpretation dieser Erscheinung, er hatte auch die Wege zur Sühnung eines solchen Vorzeichens aufzuzeigen. Seine Weissagung und sein Rat konnten sogar in Verse gekleidet sein.

Wenn Titus Livius von den vielen im Lauf der römischen Geschichte erschienenen Vorzeichen berichtet, erweckt er den Eindruck, daß es gang und gäbe war, die etruskischen Priester über ihre Bedeutung und die notwendigen Sühneriten zu befragen. Man suchte nach Erklärungen für Klopfgeister, andere ungewöhnliche Töne, Mißgeburten oder sonst außerordentliche Erscheinungen. Die Einstellung der etruskischen Haruspizes zu solchen Phänomenen war durchaus konservativer Natur. Mit andern Worten, sie unterstützten eindeutig jene Art der etablierten Macht, die in Rom die Vorherrschaft der Senat-Aristokratie war.

Im 1. Jahrhundert v. Chr. bezeichnete man in Rom die gesamte Weissagungs-„Wissenschaft" als Haruspizien, obwohl sich der Begriff ursprünglich nur auf die Eingeweideschau beschränkte, wie aus einer in Pesaro entdeckten Grabinschrift ersichtlich ist. Der Verstorbene ist hier auf Latein als *haruspex* und *fulguriator* bezeichnet (etruskisch *netśvis* und *trutnvt*), als ein Eingeweide- und Blitzdeuter also. Seit dem 4. Jahrhundert waren die Haruspizes Mitglieder eines Priesterkollegiums, das möglicherweise auf Betreiben des römischen Senats gebildet wurde. Im 1. Jahrhundert v. Chr. übten sie dann mannigfaltige seherische Aktivitäten aus. Das System von Kollegien garantierte die Kontinuität eines Gelehrsamkeitszweigs, dessen Jünger von früher Kindheit an ausgewählt und ausgebildet wurden. Die Erziehung erfolgte in einzelnen etruskischen Städten. Bei den Schülern handelte es sich um Söhne aristokratischer Familien, die man zum Eintritt in die offizielle Priesterorganisation vorbereitete, die die Römer als „Orden der sechzig Haruspizes" bezeichneten. Die Mitgliedschaft in dieser Körperschaft wurde vom Vater auf den Sohn vererbt, und die konservative, romfreundliche Einstellung, die das Kollegium kennzeichnete, hing eindeutig mit der sozialen Stellung seiner Mitglieder in ihren Heimatstädten zusammen.

Die der Priesterklasse vorbehaltene Rolle im Rahmen des Stadtstaates tritt im 6. Jahrhundert erstmals deutlicher in Erscheinung. Nach Censorius, dem römischen Gelehrten des 3. Jahrhunderts v. Chr., war die Leberschau eine von den alten, als *lucumones* bekannten Königen unmittelbar überkommene Wissenschaft; nach Titus Livius waren alle für die Tempel verantwortlichen Priester Aristokraten. Zur Zeit der römischen Kaiser wurden die etruskischen Haruspizes romanisiert und in die Klasse der Ritter, der *equites Romani*, eingestuft.

Das Amtszeichen des Priesters war eine Art Stock mit einem gekrümmten Ende, der *lituus*. Er ist bereits aus der ersten Hälfte des 6. Jahrhunderts belegt. Nach den römischen Annalen war der *lituus* schon zur Zeit des römischen Königtums in Gebrauch. Der Augur, der Numa Pompilius zur Zitadelle begleitete, um die Omina bezüglich seiner Einsetzung als König von Rom zu befragen, trug in der rechten Hand „einen kleinen eingekrümmten Stock ohne Knauf". Vom späten 6. Jahrhundert an kommen lituustragende Gestalten in Etrurien häufig vor, auf kleinen Votivbronzen ebenso wie auf den Grabstelen. Bei den frühesten Terrakotten aus dem „Palast" in Murlo ist der *lituus* allerdings immer noch ein Attribut des „Anführers", der vermutlich die priesterliche und die politische Macht besaß.

Die Priesterklasse entwickelte sich also gleichzeitig mit der Stadt, als man anfing, die Allgemeinverbindlichkeit öffentlicher kultischer Handlungen anzuerkennen und die Macht der Könige schon in Niedergang begriffen war. Mit der Zeit setzte dann innerhalb der Priesterklasse eine Spezialisierung ein. Eine Anzahl Münzen aus dem 3. Jahrhundert zeigt auf der Vorderseite die Darstellung eines Haruspexkopfs mit der konischen Kappe, auf dem Revers seine Opferinstrumente: Axt und Messer. Während der Haruspex *netśvis* hieß, war die

Bezeichnung der für die öffentlichen Handlungen verantwortlichen Priester *cepen.* Daß unter ihnen Rangunterschiede bestanden, ist möglich; einige spätere Inschriften sprechen jedenfalls von einem *spurana cepen* (öffentlicher Priester) im Gegensatz zum allgemeinen Begriff *cepen.*

Vermutlich oblag den etruskischen Priestern wie in Rom die Tradierung anderer Formen von Gelehrsamkeit. So war beispielsweise die Zeitberechnung beziehungsweise das Erstellen eines Kalendariums eine Kunst, die sich hervorragend in den Rahmen einer streng deterministischen Weltauffassung einfügte. Censorius berichtet, daß die etruskischen Ritualbücher eine spezielle Lehre über die *saecula* enthielten, also über die Zeit, die den Staaten – einschließlich Etruriens – wie auch den einzelnen beschieden war. Nach den Ritualbüchern waren für Etrurien höchstens zehn *saecula* vorgesehen, die zu Ende des 2. Jahrtausends v. Chr. begonnen hatten. Ein *saeculum* bestand allerdings nicht aus einer festgelegten Anzahl von Jahren, sein Ende wurde durch Wundererscheinungen – wie Kometen oder geheimnisvolle Trompetensignale – angezeigt. Die Prophezeiungen der Vegoia (siehe Seite 46) spricht vom Ende des achten „Jahrhunderts". Wenn, wie es scheint, diese Zeitangabe in den Beginn des 1. Jahrhunderts v. Chr. datiert werden kann, waren die etruskischen Priester mit ihrer Berechnung des voraussichtlichen Endes Etruriens nicht weit von der Realität entfernt.

Der Wechsel der Jahre wurde jedenfalls in Kalendern aufgezeichnet, die ein auf dem Mondzyklus beruhendes System der Zeitberechnung verwendeten. Die römischen Gelehrten, die sich über die Etymologie des Worts „Iden" – die die Mitte des Monats bezeichneten – den Kopf zerbrachen, behaupteten, es sei etruskischer Herkunft und hieße in dieser Sprache *itus.* Die Einteilung des Jahres in zwölf Monate war den Etruskern bestimmt nicht unbekannt, ihr Kalender dürfte auch den der Römer zur Zeit der Könige beeinflußt haben; wir kennen allerdings nur die Namen von acht Monaten. Einer von ihnen erscheint in Pyrgi in Inschriften aus dem frühen 5. Jahrhundert.

Lituustragende Figuren des frühen 5. Jahrhunderts stellen wahrscheinlich Priester dar, da ihnen die Waffe als Symbol militärischer Macht fehlt.

Links: Etruskische Bronzestatuette aus Isola di Fano bei Fossombrone, Ende 6. Jahrhundert v. Chr. (Museo Archeologico, Florenz).

Rechts: Relief auf einem Grabstein des frühen 5. Jahrhunderts, der in Florenz gefunden wurde (Museo Archeologico, Florenz).

Heiligtümer und öffentliche Kulte

Die auf den äußern Abschnitten der Bronzeleber von Piacenza eingravierten Götternamen sollten Hinweise auf das etruskische Pantheon des 2. Jahrhunderts geben können. Unter den großen himmlischen Göttern finden wir *Tin(ia), Ani* und *Uni* (Jupiter, Janus und Juno), während es sich bei den Naturgottheiten um *Selva(ns), Fufluns* und *Neth(uns)* (Silvanus, Bacchus und Neptun) handelt. Von den Göttern der Unterwelt erscheinen hier *Tivus* und *Vetis* (Luna und Vejovis); einige andere Namen sind aber schwer zu identifizieren.

Die Wissenschaft bezeichnet heute die etruskischen Götter meist mit ihrem etruskischen Namen und ordnet ihnen die entsprechenden römischen Götter anhand der seit dem 4. Jahrhundert häufig auftretenden Vasenbilder und Darstellungen auf Bronzespiegeln zu. Bei einer Gruppe von Göttern vermutet man spezifisch etruskische Herkunft. *Tinia, Turan, Fufluns, Turms, Sethlans, Thesan, Cautha* und *Tiv* entsprechen den römischen Gottheiten Jupiter, Venus, Bacchus, Merkur, Vulkan, Aurora, Tochter der Sonne und Luna. *Voltumna* dürfte die Entsprechung des römischen Vertumnus sein. Er wurde insbesondere in Volsinii (Orvieto) verehrt. Voltumna ist wahrscheinlich ziemlich spät zu einer nationalen Gottheit geworden, vielleicht erst in historischer Zeit, als der Zwölfstädtebund entstand. Eine andere Gruppe von Göttern hängt eindeutig mit italischen Glaubensvorstellungen zusammen und ist deshalb ein Beweis für seit langem bestehende Kontakte der Etrusker mit andern Völkern Mittelitaliens: *Menerva* (Minerva), *Uni* (Juno), *Maris* (Mars), *Nethuns* (Neptun), *Selvans* (Silvanus), und *Ani* (Janus). Die letzte bekannte Gruppe trägt Namen griechischer Herkunft und erscheint auch erst in der Zeit, in der die griechischen Kulte in Italien Fuß fassen: *Aritimi* (Artemis), *Apulu* (Apollo) und *Hercle* (Herakles) sind die bedeutendsten unter diesen göttlichen Gestalten. *Aita* (Hades) und *Pheripnai* (Persephone) gesellten sich erst später zum etruskischen Pantheon.

Die anthropomorphe Darstellung der Götter übernahmen die Etrusker von den Griechen. Deshalb integrierten sie auch zahlreiche der griechischen Göttergestalten in ihr Pantheon. So entspricht Zeus dem blitzeschleudernden etruskischen Tinia.

Links: Terrakottakopf des Tinia aus Falerii, spätes 5. Jahrhundert v. Chr. (Museo di Villa Giulia, Rom), eine Nachbildung des Zeus von Phidias.

Rechts: Bronzefigurine des Tinia mit Donnerkeil aus Firenzuola in den tusko-emilianischen Apenninen, 5. Jahrhundert v. Chr. (Museo dell'Accademia Etrusca, Cortona).

Einige dieser Götter sind archaischste Bilder. Tinia zum Beispiel trägt alle Merkmale einer mächtigen, oft zürnenden himmlischen Gottheit, die sich ja auch bei Zeus und Jupiter wiederfindet. Schwieriger ist es, ein Bild Voltumnas zu zeichnen, der anscheinend Schutzgott des Ackerbaus war. Ein Vergleich mit dem römischen Gott Vertumnus – ebenfalls einem Erntegott – dürfte die Theorie stützen, daß Voltumna in diesem Bereich eine Stellung hatte, die nur mit der Tinias verglichen werden kann. Die Annahme wird wahrscheinlicher, wenn man bedenkt, daß sein Name mit jenem des mythischen Volta verwandt sein dürfte, den Porsenna nach der von den antiken Schriftstellern überlieferten Legende aus der Erde herausbeschwört hatte.

Diese Götter sind mit kultischen Vorstellungen verbunden, die vermutlich tief in die Urgeschichte zurückreichen. In historischer Zeit aber war das etruskische Pantheon eine recht eklektische Versammlung. Neben den Göttermannschaften, wie den *dei consentes* und den *dei superiores et involuti,* erscheinen weitere Gottheiten *(aisar),* die kollektiv auftreten, wie jene, die in der Agramer Mumienbinde erwähnt sind.

Wie es zu den verschiedenen Götter-Dreieinigkeiten kam, ist zur Zeit Gegenstand der wissenschaftlichen Diskussion. Es wird behauptet, daß dieses Phänomen etruskischer Herkunft ist oder den Etruskern von italischen Völkern überliefert wurde. Angesichts der spärlichen Belege und der zuverlässigen Angaben, daß der Dreiheitenkult nur in Rom bestand, sollte man hier mit Spekulationen vorsichtig sein. Die etruskischen Städte entwickelten möglicherweise – wie jene Griechenlands – ein eigenständiges Pantheon und eigene religiöse Vorstellungen. Im etruskischen Rom finden sich göttliche Dreieinigkeiten im kapitolinischen Kult von Jupiter, Juno und Minerva, während die frühe Republik den „plebejischen" Kult von Ceres, Liberus und Libera kannte. Diese Gruppen sind allerdings nicht zufällige Erscheinungen – sie sind durchaus geschichtlich und theologisch zu begründen. Auch die Klassifizierung der etruskischen Götter, die Martianus Capella, ein lateinischer Dichter des 5. Jahrhunderts n. Chr., bietet, gehört einer späten Tradition an und hat durch zahlreiche Hinzufügungen ihre Glaubwürdigkeit eingebüßt.

Jene Kulte, die anhand literarischer Quellen oder archäologischer Zeugnisse überliefert sind, scheinen eher mit der spezifisch griechischen Vorstellung der Götter als Stadtpatronen zusammenzuhängen. Ein bezeichnendes Beispiel für diese Vermutung ist der Tempel der *Uni* in Veji. *Uni* ist identisch mit der Göttin, die 396 v. Chr. – nach der Vernichtung von Veji – nach Rom gebracht und dort als Iuno Regina (Königin Juno) verehrt wurde. Andere vejianische Kulte – wie jener der *Menerva* oder einer Unterweltsgöttin, die später von den römischen Siedlern mit Ceres identifiziert wurde – lebten außerhalb der Stadtmauern weiter.

Für Cerveteri liegen zwar derartige Belege nicht vor, es ist aber sicher, daß im südlichen Teil der Stadt ein der *Uni* geweihter Tempel stand. Zudem praktizierte man außerhalb des Stadtgebiets den Orakelkult. Die zwei Heiligtümer von Pyrgi wurden mit etwa fünfzig Jahren Abstand errichtet (das erste entstand Ende des 6. Jahrhunderts, das zweite um das

Oben: Überlebensgroßer Marmorkopf einer möglicherweise männlichen Gottheit, um 480 v. Chr. (Collezione Lorenzini, Volterra).

Rechts: Marmorstatue der Göttin Vei (frühes 6. Jahrhundert v. Chr.) aus der Cannicella-Nekropole südlich von Orvieto. Man nimmt an, daß die Statue aus griechischem Marmor ursprünglich eine archaisch-griechische kouros-*Plastik war und in Etrurien zu einer weiblichen Gottheit umgearbeitet wurde (Museo Faina, Orvieto).*

Jahr 460 v. Chr.). Der Bauherr des ersten Tempels war wahrscheinlich der „Tyrann" Thefarie Velianas, der das Heiligtum errichten ließ, um sein Gelübde an *Uni* (Astarte), seine Schutzgöttin, zu erfüllen (siehe Seite 32). Der zweite Tempel entstand möglicherweise als Ergebnis der Vormachtstellung der Stadtaristokratie selbst. Seine drei *cellae* (Kernbauten antiker Tempel) dürften der Verehrung mehrerer Götter, darunter Tinia und Aurora *(Thesan)* vorbehalten gewesen sein.

In Tarquinia war die bedeutendste Kultstätte der Tempel der *Ara della Regina* (Altar der Königin), der wahrscheinlich der *Uni* geweiht war, da er unter den Römern als Tempel der Iuno Regina weiterbestand. Belegt ist auch der Kult Tarchons, des legendären Stadtgründers.

In Volsinii (Orvieto) scheinen die vorherrschenden Kulte Unterweltsgöttern, die in naher Beziehung zur Erde und Fruchtbarkeit standen, gegolten zu haben. Reste des Tempels sind auf dem Belvedere genannten Areal in der Stadt erhalten.

Das Heiligtum war auch Tinia geweiht, der hier allerdings eher eine chthonische als eine himmlische Gottheit war. Außerhalb der Stadt, auf der heute als Cannicella bekannten Stätte, stand ein Heiligtum der *Vei* – einer nicht identifizierten Gottheit, deren Züge stark an Aphrodite erinnern. Das immer wieder erwähnte Heiligtum Voltumnas, wo sich die Führer des Zwölfstädtebundes alljährlich versammelten, wurde bisher nicht gefunden.

In den Gebieten, die regen Kontakt mit überseeischen Kaufleuten hatten, müssen relativ schnell die verschiedensten Kulte aufgeblüht sein. Vielfältig waren die Götter in Gravisca, dem Hafen von Tarquinia; im 6. Jahrhundert verehrten die Griechen Hera, Aphrodite und Apollo, die Etrusker setzten den Aphroditekult fort, wobei sie die Göttin mit ihrer eigenen *Turan* identifizierten. Entsprechend wurde zu Ende des 6. Jahrhunderts im Rahmen des Uni-Kults in Pyrgi die phönizische Astarte mit verehrt, da hier erwiesenermaßen eine Karthagerkolonie lebte. Verschiedene Widmungsinschriften belegen weitere Kulte. Höchstwahrscheinlich kannte man auch die Tempelprostitution. Im 1. Jahrhundert v. Chr. war Populonia zwar mehr oder weniger entvölkert, doch wurden noch immer – zumindest nach Strabo – zahlreiche Tempel und Heiligtümer gepflegt.

Jede etruskische Stadt hatte jedoch ihren offiziellen Hauptkult, dessen Tempel innerhalb der Stadt lag und eine wichtige Funktion als Identifikations- und Bezugspunkt spielte. Nach Varro haben die Römer erst 170 Jahre nach der Stadtgründung (um 580 v. Chr. also) ihre Götter mit einem unverwechselbaren Erscheinungsbild auszustatten begonnen. Dasselbe dürfte auch für die Etrusker gelten, die seit dem Kontakt mit den Griechen und ihrer figürlichen Kunst ihren Göttern anthropomorphe Züge verleihen. In der Frühzeit müssen die Kultfiguren aus vergänglichem Material bestanden haben. Plinius der Ältere berichtet, daß es in Populonia eine uralte Jupiterstatue gab, die aus dem Weinholz geschnitzt war. Die Statue des Jupiter Kapitolinus, die von Vulca unter der Regierung des Tarquinius Priscus geschaffen wurde, bestand aus Terrakotta und wurde mehrmals mit Mennige neu bemalt. Um das Ende des 6. Jahrhunderts wurde ein griechischer *kouros* (Statue eines Jünglings) zur Göttin *Vei* umfunktioniert. Etwa zur selben Zeit erscheinen die ersten Götterbildnisse als Votivgaben.

Die Schaffung öffentlicher Kulte in den Gemeinschaften zog auch den Erlaß von Vorschriften für die heiligen Bezirke nach sich, wie sie durch eine Stelle der *libri rituales* belegt sind. Schon in der Zeit vor der eigentlichen Kultentfaltung erfolgte die Stadtgründung nach strikten Regeln. Die römischen Annalen schreiben den bei der Gründung Roms von Romulus eingehaltenen Ritus den Etruskern zu. Als erstes hob man dabei einen kreisförmigen Graben aus, in den die ersten neuen Früchte aller Nahrungsmittel, die man für das Überleben der Menschen notwendig hielt, geworfen wurden. Diese Stelle nannte man *mundus,* sie war der Mittelpunkt der Stadt. Die Linie der Stadtmauer, das *pomerium,* innerhalb dessen sich das Stadtareal erstrecken sollte, wurde durch einen Pflug gezeichnet, den ein Stier und eine Kuh zogen. Diese Linie war

heilig und durfte nicht überschritten werden. Deswegen hob man den Pflug dort empor, wo die Stadttore stehen sollten. Die innere Gliederung entsprach ebenfalls genau festgelegten Regeln. Auguren bestimmten die einzelnen Bereiche, die mit dem *groma* vermessen wurden. Interessant ist in diesem Zusammenhang, daß in den planmäßigen Gründungen Marzabotto und Spina die als Richtpunkte dienenden Grenzsteine *(cippi)* bei Straßenkreuzungen in den Boden eingelassen sind.

Über die Gründung der Tempel und die Wahl der geeigneten Baustelle unterrichtet der römische Architekt Vitruv: „Nachdem wir die Straßenzüge und Plätze festgelegt haben, steht vor uns als nächste Aufgabe die Wahl der geeigneten Stellen für öffentliche Gebäude, das heißt für Tempel, Forum und alle andern öffentlichen Plätze. Stehen die Mauern in Meeresnähe, soll das Forum in der Nähe des Hafens gebaut werden, liegt die Stadt aber im Landesinnern, ist das Forum in der Mitte der Stadt zu errichten. Was die Tempel anbelangt, sollen jene, die den Schutzpatronen der Stadt geweiht sind, und jene des Jupiter, der Juno und der Minerva auf der höchsten Stelle stehen, von wo man den größten Teil der Stadtmauer überblicken kann. Der Merkurtempel soll in der Nähe des Forums oder – wie der Isis- und Serapistempel – auf dem Markt angelegt werden; die Tempel des Apollo und des Bacchus haben ihren Standort in der Nähe des Theaters; jener von Herkules beim Zirkus, wenn es dort kein Gymnasium oder Amphitheater gibt. Der Marstempel soll außerhalb der Stadt, aber in der Nähe des militärischen Exerzierplatzes stehen. Der Venustempel soll ebenfalls außerhalb der Stadt, in der Nähe des Hafens, liegen.

Auch nach den Schriften der etruskischen Haruspizes sind die Heiligtümer der Venus, des Vulkan und des Mars außerhalb der Stadt anzulegen, damit die jungen Männer und die verheirateten Frauen sich nicht an die Freuden des Fleisches gewöhnen und die Stadtgebäude von der Brandgefahr frei seien, wenn die Macht des Vulkan durch Opfer heraufbeschworen wird. Liegt der Marstempel außerhalb der Stadt, sind die Bürger daran gehindert, einer gegen den andern die Waffen zu ergreifen, ferner werden sie durch die Stadtmauern gegen Feinde und Gefahren des Kriegs geschützt. Das Heiligtum der Ceres soll sich auch außerhalb der Stadt befinden, so daß es keiner mit Ausnahme der Opfernden betritt, damit der Ort im Einklang mit den hier geltenden Prinzipien von Moral und Ethik respektiert werde. Was die andern Götter anbelangt, soll man die Wahl der Lage ihrer Tempel nach der Art der in ihnen durchzuführenden Opferriten treffen" (Vitruv, *De Architectura* I, 7).

Die hier erwähnte Palette von Regeln bezieht sich nicht nur auf nahöstliche Götter wie Isis und Serapis, sondern erwähnt auch Gebäude griechischer Herkunft, wie das Gymnasium und das Theater, die Vitruv in Verbindung zu ursprünglich griechischen Göttern wie Apollo, Bacchus und Herakles bringt. Der zweite Teil des Texts ist aber den Vorschriften der *disciplina etrusca* verpflichtet. Die Kriterien für die Standortwahl der bedeutendsten Tempel entsprechen überdies den Ergebnissen, die Grabungen in so alten Städten wie Veji und Volterra, aber auch in Marzabotto erbrachten.

Oben: Doppelköpfige Bronzestatuette aus Cortona, 3.–2. Jahrhundert v. Chr. (Museo dell'Accademia Etrusca, Cortona), eine von zwei Votivfiguren, die den Göttern Selvans *und* Culsans *geopfert worden waren.*

Links: Bronzestatuette eines speertragenden Kriegers aus der ersten Hälfte des 5. Jahrhunderts v. Chr. (Museo Archeologico, Florenz). Die Votivfigur dürfte den Kriegsgott Maris *(Mars) darstellen.*

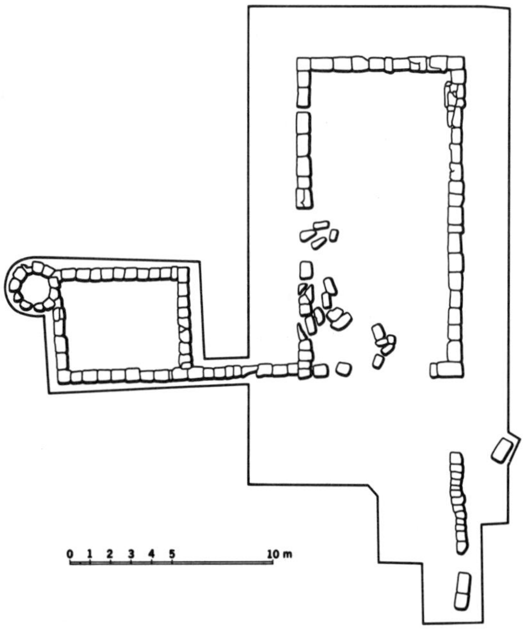

Ähnliche Regeln mußten auch die Ausrichtung der Tempel und der ihnen gegenüberliegenden Altäre nach den Himmelsrichtungen bestimmt haben. Altäre waren der aufgehenden Sonne zugewandt und sollten in einem Winkel von 45 Grad zur Tempelfassade stehen. Tatsächlich scheint die Mehrzahl der etruskischen Tempel in südöstlicher Richtung angelegt worden zu sein. Am Ende des 1. Jahrhunderts v. Chr. wurde ein Tempel mit drei *cellae* (Zellen) als typische Form des etruskischen Sakralbaus angesehen. Vitruv beschreibt die Bauprinzipien eines solchen Tempels (IV, 7): Das Verhältnis zwischen Länge und Breite hatte 6:5 zu sein; der Tempel war der Länge nach in zwei Teile geteilt. Der Vorderteil war dem *vestibulum* (Vorhalle), der rückwärtige Teil den *cellae* vorbehalten, die im Verhältnis 3:4:3 angeordnet waren. Die Säulenreihen der Vorhallenfassade folgten der Fluchtlinie der Mauern. Der Oberbau aus Holz und Ziegeln sowie das Dach wurden ebenfalls nach bestimmten mathematischen Regeln gebaut. Vitruv fand diese Tempel allerdings ästhetisch unbefriedigend. „Die Tempel erinnern mich an einen mit weit gespreizten Füßen stehenden Mann mit großem, niedrigem und breitem Kopf.“ Sicherlich war die Lichtweite zwischen den Säulen zu groß, und die Dachstruktur mit ihren zahlreichen Terrakotten oder vergoldeten Bronzestatuen wirkte überladen. Die Tempel müssen in der Anlage, wenn auch nicht in den Dimensionen, dem Tempel des Jupiter Optimus Maximus auf dem Kapitol in Rom oder dem Portonaccio-Tempel in Veji geglichen haben, von denen zahlreiche Terrakotten erhalten blieben, die in Gruppen den Dachfirst schmückten und die Episoden des Apollomythos illustrierten.

Die Tempelaltäre standen vor der Fassade. Sie hatten als zentrales Heiligtum oft monumentale Ausmaße (etwa in Veji und Fiesole oder im in jüngster Zeit entdeckten Heiligtum von Socana in der Provinz Arezzo) und unterschieden sich auch in architektonischer Hinsicht von den griechischen Altären. Die Etrusker behielten allerdings die griechische Art der Ausrichtung und teilweise auch den Grundriß bei. Der griechische Altar hatte im Profil eine gerade, senkrechte Front, während der etruskisch-italische Typ breite Ornamentbänder am Sokkel und auf dem Sims auswies. Neben diesem Opferaltar stand manchmal ein Libationsaltar (etwa in Veji und Pyrgi) von zylindrischer Form und mit einem zentralen Ablauf. So gelangten die Trankopfer direkt in die Erde, das Reich der Unterweltsgottheiten. Zahlreiche derartige Altäre finden sich in der Umgebung von Volsinii, wo ja sogar Tinia seine himmlischen Züge eingebüßt und jene eines Unterweltgottes angenommen hatte. Eine Inschrift verweist jeweils auf den Gott, dem der Altar gewidmet ist.

Den mit den städtischen Kulten zusammenhängenden offiziellen Zeremonien und großen Tempeln muß eine Stufe vorausgegangen sein, in der die Art des Rituals vom lokalen Adel bestimmt worden war. Wie die Kultstätten dieser Zeit beschaffen waren, dürften die Überreste einiger kleiner, „ländlicher“ Heiligtümer zeigen. So bestand das *templum* in Monte Acuto Ragazzo, im Bologneser Apennin, aus einer schlichten viereckigen Mauer, die den heiligen Bezirk mit dem Altar umschloß, dessen Fläche ganze vier Quadratmeter umfaßte. Dieser Tempel aus dem 5. Jahrhundert ist ein wichtiger Beleg des religiösen Lebens vor dem Einfluß der griechischen Vorstellungen, in denen das Heiligtum unmittelbar die Konzeption der Stadt zu widerspiegeln hatte.

In Heiligtümern dieser Art kann die Bedeutung der Weihgeschenke und Opfergaben am ehesten abgeschätzt werden. Insbesondere in Nordetrurien finden sich stets Votivgaben in Form kleiner Bronzearbeiten, die den Geber mit den Attributen seiner sozialen Stellung zeigen. In den Zeiten vor der urbanen Kultur überwiegen Darstellungen von Kriegern; dann erscheinen Heldenfiguren, die in streng griechischer Manier die körperlichen und geistigen Merkmale idealer Adliger widerspiegeln. Im späten 5. Jahrhundert kommen dann Darstellungen von Göttern und Heroen, wie etwa *Tinia* oder *Hercle,* hinzu. Inschriften finden sich selten. Aus Ravenna ist allerdings eine kleine, einen Krieger darstellende Bronzefigur des späten 6. Jahrhunderts bekannt, die die Wörter „Thucer Hermenas (hat mich) gestiftet“ trägt. Und auf der Bronzefigur einer zweigesichtigen Gottheit aus Cortona steht: „Vel Quintio (Sohn) von Artni hat diese Gabe dem Culsans gestiftet.“

Insbesondere in der Frühzeit waren die Opfer eher bescheiden. Im Portonaccio-Tempel in Veji scheint die am häufigsten auftretende Votivgabe noch in der ersten Hälfte des 6. Jahrhunderts Töpferware gewesen zu sein. Hier findet sich eine richtiggehende Sammlung von Bucchero- und bemalten Vasen mit Widmungsinschriften, in denen häufig die Formel *mini muluvanice* („hat mich gegeben“) wiederkehrt. Die Anführer der städtischen Gemeinden dürften bei diesen Opferungen besonders hervorgetreten sein. So stiftete Aulus Vibenna (siehe Seite 85) dem in seiner Gemeinde verehrten Gott einen Buccherokelch.

Ebenfalls von geringem Wert dürften die Terrakottagaben gewesen sein, die sich besonders häufig in Südetrurien finden. Einige zeigen menschliche Figürchen mit spezifischen Attribu-

Eine der größten und faszinierendsten etruskischen Tempelanlagen ist die Ara della Regina in Tarquinia. Wie andere solche Bauten wurde die Kultstätte mehrfach verändert, ihre Anfänge dürften jedoch in die erste Hälfte des 6. Jahrhunderts v. Chr. zurückreichen. Die heutigen Ruinen datieren aus dem 4. Jahrhundert, Anbauten entstanden noch bis in die spätgotische Zeit. Verglichen mit dem einfachen Grundriß des archaischen Stadttempels von Veji (linke Seite), ist die Ara della Regina eine komplexe Anlage mit podium *(Unterbau),* cella *und Säulenvorhalle.*

ten – wie Waffen oder Leier – oder auch sitzende „Madonnen“. Sie können sowohl Darstellungen von Menschen wie ihre göttlichen Entsprechungen – wie Mars, Apollo oder die Große Mutter – gewesen sein. Zahlreicher sind die Opferterrakotten, die einzelne menschliche Organe (Köpfe, Arme, Beine, Füße und Eingeweide) abbilden. Sie hängen möglicherweise mit populären religiösen Vorstellungen zusammen, die seit dem 4. Jahrhundert in ganz Mittelitalien verbreitet waren. Die meisten Götter, unabhängig von ihren heilbringenden Fähigkeiten, scheinen Empfänger solcher Opfergaben städtischer wie ländlicher Kulte gewesen zu sein. Wenn die Zahl der Weihgeschenke die normale Funktion der Tempelräume beeinträchtigte, deponierte man sie in eigens ausgehobenen Gruben. Solche „Schatzkammern“ wurden in der Nähe bedeutender Heiligtümer mehrfach freigelegt.

Die meisten Informationen über die Zeremonien in den etruskischen Tempeln stammen aus den schon erwähnten längsten etruskischen Texten, die erhalten sind: der Fliese aus S. Maria Capua Vetere (siehe Seite 81) und der Agramer Mumienbinde (siehe Seite 88).

Der Text der Fliese aus S. Maria Capua Vetere ist kürzer als jener der Mumienbinde, aber älter. Er stammt aus dem 5. Jahrhundert v. Chr. und enthält eine Reihe von Formeln, die jeweils mit dem Namen der Gottheit beginnen und wahrscheinlich verschiedene Typen von Opferhandlungen der Priester beschreiben. Vielleicht geht es aber auch um familiäre Opferriten. Der Text der Mumienbinde aus dem 1. Jahrhundert v. Chr. enthält im am besten erhaltenen Teil immer wiederkehrende Formulierungen mit Variationen. Sie beginnen alle mit der Erklärung, daß an einem bestimmten Tag eines bestimmten Monats einem bestimmten Gott zu opfern sei. Die Hauptgötter dieser Liturgie sind *eiser sic seuc* oder *sic*

Links und unten: Bronzestatuetten opfernder Frauen, links aus orientalisierender, unten aus der hellenistischen Zeit. Die Figurinen wurden im Tempel einer bestimmten Gottheit geweiht und dann als deren Eigentum begraben. Trotzdem zwischen den beiden Darstellungen rund vierhundert Jahre liegen, hat sich ihre Bildsprache kaum verändert (Museo Archeologico, Florenz).

Links: Fragment eines Tempelmodells aus Orvieto, 5. Jahrhundert v. Chr. (Museo Archeologico, Florenz). Die Außendekoration des Gebäudes ist ziemlich naturgetreu mit Dachziegeln, Stirnziegeln und einem Giebelgesims wiedergegeben.

seuc, Crapśti (Grabovius) und *Nethuns* (Neptun). Die Opfergaben werden gestiftet, um die Stadt *(spur)* und das Volk *(methlum)* zu schützen. Sie bestehen hauptsächlich aus Libationen von Wein *(vinum)* und den ersten Ähren, die man manchmal auf dem *cletram,* einer Art Bahre, darbot. Tieropfer finden sich schon in Abbildungen der präurbanen aristokratischen Zeit seit der zweiten Hälfte des 7. Jahrhunderts. Sie zeigen, wie Schweine und Widder beispielsweise vor einer Schlacht geopfert werden, um die Götter günstig zu stimmen.

Das Leben nach dem Tod

Religion hat immer auch privaten Charakter und bestimmt das Leben des einzelnen oder der Familie. Möglicherweise glaubten die Etrusker – ähnlich wie die Römer – an den jeder Person eigenen *genius,* der ihr Begleiter durchs Leben ist. Die Lebensdauer teilten sie in sieben Jahre umfassende Phasen. Das siebente Jahr war eine Art Stufe, die eine Lebensperiode von der nächsten trennte und mit allen möglichen Gefahren beladen war. Nach erreichtem siebzigstem Jahr war es nicht mehr möglich, göttliche „Vorzeichen" wahrzunehmen, da die dem Menschen bemessene Zeit dann abgelaufen war.

Familiäre Kulte waren insbesondere mit dem Hausgott *Lar* und in weiterm Sinn den Geistern oder Schatten der Ahnen verbunden. Daneben muß es auch Kulte „kleinerer" lokaler Götter gegeben haben, die die traditionelle aristokratische Gesellschaft für sich beanspruchte. In Chiusi verehrte man folglich eine Göttin *Uni Ursmnei,* und eine *Iuno Ursmnei* erscheint auch im Gebiet von Perugia. Der zweite Teil des Namens ist eindeutig aristokratischer Herkunft; weitere Beispiele sind *Lasa Achununa, Lasa Vecuvia* und *Cautha Achuia.*

Für den Ahnenkult als sehr alte Form religiöser Praktiken finden sich interessante Belege in den Gräbern von Cerveteri. In einem bescheidenen Grab aus der Mitte des 7. Jahrhunderts befindet sich die Statue eines sitzenden Mannes mit Bart, und in einer andern, etwas aufwendigern Anlage ist einem solchen

Zu den häufigsten Votivgaben gehörten seit dem Ende des 4. Jahrhunderts bis zur Romanisierung Terrakotten von Köpfen und einzelnen Körperteilen, die mit Prägestöcken und Matrizen seriell hergestellt wurden. Sie wurden vor allem jenen Göttern gestiftet, die die menschliche Gesundheit schützen sollten. Diese beiden Beispiele – ein Männerkopf und eine Gebärmutter – stammen vermutlich aus einem Heiligtum in Veji (Museo Archeologico, Florenz).

Kult eine ganze Grabkammer zugedacht. In den Felsen gehauen sind fünf rechteckige Stühle, auf denen fünf Terrakottastatuen an zwei Tischen gesessen haben müssen. Diese Nachbildung einer häuslichen Tafel, an der die Ahnen vereint sind, ist in dem für die orientalisierende Epoche typischen Stil ausgeführt. Zwei Stühle mit gebogenen Rückenlehnen waren in eine andere Wand eingefügt, und an der gegenüberliegenden Wand befand sich ein kleiner, würfelförmiger Altar mit drei Höhlungen im obern Teil. Dieser Altartyp diente den zahlreichen familiären Opferungen und taucht auch später wieder auf.

Der Ahnenkult gehört zu den ältesten etruskischen Traditionen. Er ist eindeutig mit der Idee eines Familiengründers verbunden und war ein tragendes Element der aristokratisch organisierten Gesellschaft. Sogar in spätetruskischer Zeit, aus der die gewaltigen Gräber in Tarquinia stammen, beziehen sich viele Inschriften auf die Ahnen des Toten. In einigen Gräbern, wie zum Beispiel dem Tifon-Grab aus dem 2. Jahrhundert, finden sich auch Altäre. Die imposanten Grabanlagen des 7. und 8. Jahrhunderts in Cerveteri haben manchmal eine auf einer Grabseite befindliche Rampe oder Treppe, die bestimmt vom Boden bis zum Gipfel des Grabhügels führte, wo die Zeremonien zu Ehren des Toten stattfanden.

Während der Eisenzeit stand der Tote als Individuum in hohem Ansehen, und die Villanova-Urnen mit konischem Hals, die zeitweise einen Helm statt der traditionellen Schale als Deckel tragen, sind frühe, schematische Abbilder der Toten. Die Ausbreitung der Körperbestattung in Südetrurien, im Verlauf des 7. Jahrhunderts, verlief parallel zu der der Kammergräber, die bewußte Nachahmungen von Behausungen sind. In Inneretrurien hingegen – insbesondere in Chiusi –, wo sich die Einäscherung hielt, finden sich Belege für die Fortdauer einer eisenzeitlichen Tradition. Die Urnen zeigen

Links: Bronze-Votivfigur des 3.–2. Jahrhunderts v. Chr. (Museo di Villa Giulia, Rom) in Gestalt eines opfernden Haruspex. Er trägt die typische konische Kappe, und sein Mantel wird von einer fibula *gehalten, da Haruspizes weder Knoten noch Bänder benutzen durften.*

Rechts: Die Tomba delle Cinque Sedie in der Banditaccia-Nekropole in Cerveteri. Das Grab aus dem späten 7. Jahrhundert enthält verschiedene Räume, der hier abgebildete diente vermutlich dem Ahnenkult. Auf den fünf kleinen Sitzen saßen ursprünglich Terrakottafiguren an zwei Tischen; zwei der im spätorientalisierenden Stil gearbeiteten Plastiken befinden sich heute im Britischen Museum in London, eine im Palazzo dei Conservatori in Rom.

anthropomorphe Dekoration und werden zu Symbolen der Verstorbenen, die man ausnahmslos mit ihrem Mobiliar und den Zeichen ihres Rangs bestattete. Hier insbesondere bestätigen die figürlichen Zeugnisse, daß der Tod als schmerzliches Ereignis betrachtet wurde. Vasen zeigen ganze Reihen kleiner, weinender Figuren, die eine Zentralgestalt umringen, welche vermutlich den Bestatteten darstellt. Seine Bedeutung ist durch die größern Dimensionen angedeutet. Kanopen – Aschenurnen mit menschlichem Kopf – ist ein Stuhl beigegeben, manchmal auch andere Möbel, wie kleine Bronzetische für das Essen und die Getränke, mit denen der Verstorbene fürs Jenseits versorgt wurde. In manchen Städten war die Grabform eine symbolische Abbildung des Hauses des Bestatteten, und man bemühte sich offensichtlich, seine vertraute Umwelt wiederherzustellen.

Von der zweiten Hälfte des 6. Jahrhunderts an werden Grabkammern mit Malereien in Tarquinia allmählich häufiger. Da diese Gräber kaum zwei Prozent aller Gräber ausmachen, waren sie sicherlich dem städtischen Adel vorbehalten. Eines dieser Gemälde zeigt beispielsweise ein Bankett im Freien, mit den auf ihren Liegen ruhenden Gästen, die den Musikern lauschen oder Tänzern, Gauklern und Wettkämpfen zuschauen. Andere Grabmalereien dieser Zeit zeigen eine realistische Darstellung des Totenkults und der verschiedenen Begräbniszeremonien. Man sieht, wie der Verstorbene auf das Bett gelegt wird, während ihn Klageweiber beweinen; seine Verwandten folgen dem Wagen mit der Leiche; und dann beschließen Spiele und Tänze und ein Leichenmahl die Zeremonie. Eine Anzahl von Reliefs, die den Ablauf solcher Zeremonien zeigen, finden sich auf den Grabcippi aus Chiusi, die aus dem späten 6. und frühen 5. Jahrhundert stammen. Diese Begräbniszeremonien des Adels verbinden alte Traditionen – wie die der Klageweiber – mit jüngern Elementen wie Prozessionen, Spielen und Leichenmahl, die sich zur gleichen Zeit auch in Gräbern anderer Randgebiete der griechischen Welt, etwa in Lykien, finden.

Der erste Teil der Bestattungszeremonie ist den für das Wohlergehen des Verstorbenen notwendigen Riten gewidmet, während mit dem zweiten vorab für jenes der Hinterbliebenen gesorgt zu werden scheint. Indem sie die Wettspiele betrachten oder an einem gemeinsamen Mahl teilnehmen, versichern sie sich gemeinsam ihres Weiterlebens. Die visuelle Darstellung der Riten verleiht ihnen eine symbolische Bedeutung; jedes Element des Rituals findet seine figürliche Entsprechung. Das Bankett als vorherrschendes Thema in den tarquinischen Gräbern des 5. Jahrhunderts dürfte allerdings auch die dominierende Rolle der festlichen Tafel im realen Leben dieser Zeit widerspiegeln.

Ein Vergleich der Grabmalereien und der Grabbeigaben verdeutlicht, daß sich die Vorstellungen vom Tod im 4. Jahrhundert – in Inneretrurien vielleicht etwas früher – gewandelt haben. In den Grabmalereien von Volsinii verlagert sich das Bankett ins Jenseits, der Beerdigte gelangt dorthin in seinem Wagen und mit allen Insignien seines Rangs. Er gewinnt Zugang zu einer Art permanentem Festmahl, bei dem ihn seine Ahnen unter strenger Aufsicht des Hades und der Persephone bedienen. In der Tomba dell'Orco II in Tarquinia befinden sich die Toten in einer wahrhaft heroischen Umgebung. An den Wänden sind nicht nur die beiden Herrscher des Totenreichs abgebildet, sondern auch die großen Heroen der griechischen Mythologie – Agamemnon, Theseus und andere –, die jetzt zum Nichtstun verurteilt sind. Diese Bilder zeigen eine eher pessimistische Sicht des Lebens im Jenseits, wahrscheinlich beeinflußt von griechischen Vorstellungen. Die Begräbnisszenen sind jetzt mit Unterweltsgottheiten wie *Charun* (Charon; dargestellt als bleicher Dämon mit Höckernase und tierähnlichem Gesicht) oder *Vanth* (eine geflügelte Frauenfigur von kalter Schönheit) bevölkert. Zum Zeichen der Schmerzen, die er den Toten verursacht, hält *Charun* einen Hammer, und *Vanth* wird mit einer Schriftrolle als Symbol des vorbestimmten Schicksals jedes Sterblichen abgebildet. Das Jenseits bevölkern aber auch andere Dämonen, wie der in

Oben: Relief auf einem Grabstein aus Chiusi, 500–480 v. Chr. (vgl. auch Seite 26; Museo Baracco, Rom). Die Verstorbene liegt auf dem Bett; Klageweib und Flötenspieler betrauern den Verlust, während eine Dienerin wohlriechende Salben bringt.

Links: Beschrifteter Stiel einer Ritualschaufel aus San Feliciano, Perugia (Museo Archeologico, Florenz). Die Inschrift stammt aus dem 3. oder 2. Jahrhundert v. Chr.: „Das ist die Schaufel von Kavtha Achuia. Aulus Numna hat sie gestiftet." Kavtha *ist eine Unterweltsgottheit, die von der adligen Familie der* Achu *für sich vereinnahmt wurde.*

Die Tomba del Tifone in Tarquinia stammt aus der Mitte des 2. Jahrhunderts v. Chr. Der monumentale Innenraum konnte die Sarkophage einer ganzen Sippe beherbergen. Vor dem zentralen Pilaster steht ein Altar für die Begräbniszeremonien. Eine lange Inschrift auf dem obern Teil der Säule bezeichnet das Grab unter anderm als Eigentum der Familie Pumpu.

Ottern gehüllte *Tuchulcha* mit seiner monströsen Fratze und die fackeltragende *Culsu*, eine der zahlreichen geflügelten Furien. Diese Figuren erscheinen manchmal auch in andern Szenen (zum Beispiel auf den Dachgiebeln von Tempeln der hellenistischen Epoche), hier sind es symbolische Figuren, die die Menschen vor dem traurigen Schicksal warnen sollen, das selbst die Heroen der griechischen Mythen ereilte.

Der Leichenzug wird jetzt zur symbolischen Darstellung der Fahrt ins Jenseits. Sie beginnt mit dem Abschied der Familie. Der Verstorbene fährt im Wagen, reitet oder geht manchmal auch zu Fuß ins Totenreich. Die Fahrt endet in einer Art Fegfeuer mit Folterszenen. Bei den meisten Sarkophagen und Urnen des 3. und 2. Jahrhunderts sind solche Themen vorherrschend. Die etruskischen Vorstellungen vom Leben nach dem Tod haben sich nun unter dem griechischen Einfluß klar ausgebildet, und deshalb erscheinen jetzt auch Belege für neue Glaubensformen und eine veränderte Sicht des Lebens nach dem Tod. Nach Arnobius, dem christlichen Schriftsteller des 4. Jahrhunderts n. Chr., wurde in den etruskischen Totenbüchern den Opfern von Tierblut eine große Bedeutung beigemessen. Opferte man das Blut bestimmter Tiere bestimmten Unterweltsgottheiten, wurden die Seelen der Toten als *dei animales* vergöttlicht. Diese *dei animales* als Emanation der Toten wurden zu Göttern des häuslichen Kults, die den römischen Laren und Penaten entsprachen. Die Ahnen waren also jetzt das Haus schützende Gottheiten. In den Häusern des 2. Jahrhunderts in Vetulonia wurden tatsächlich Bildnisse häuslicher Laren auf kleinen steinernen Sockeln gefunden, die Mäntel tragen und deren Häupter von Strahlen umgeben sind.

Es scheint, daß diese neue Einstellung im 4. Jahrhundert wurzelt. Sie ist auch eine hinreichende Erklärung für die Verbreitung des Dionysoskults in Etrurien, insbesondere in den Reihen der Aristokratie. Den Teilnehmern an den geheimen Zeremonien, in deren Verlauf sie einer Art göttlicher Raserei verfielen, war im Rausch eine Flucht in eine andere Welt sicher, die als glückliches Schicksal im Jenseits gedeutet

Rechts oben: Hochrelief auf einer Alabasterurne des frühen 2. Jahrhunderts v. Chr. aus Volterra (Museo Guarnacci, Volterra). Der Mann im Zentrum scheint ins Jenseits zu entschweben oder wartet auf das Pferd, das der Reiter von links heranführt. Er wird sich von seinen beritten Eltern, die in der Inschrift namentlich genannt sind, ins Totenreich begleiten lassen.

Rechts: Dieser rotfigurige krater *aus Carmignano bei Florenz, aus der Zeit um 330 v. Chr., diente als Aschenurne (Museo Archeologico, Florenz). Die Bacchusanhänger glaubten an ein Leben nach dem Tod, und bacchische Kulte waren im Etrurien des 4. und 3. Jahrhunderts besonders stark verwurzelt, wie diese Darstellung eines bacchantischen Festzugs auf der in Volterra gefertigten Vase illustriert.*

werden konnte. Bacchische Motive sind denn auch in der Vasenmalerei des 4. Jahrhunderts häufig.

Die Begräbniszwecken vorbehaltenen Vasen zeigen vielfach bacchische Festzüge. Auf einigen Sarkophagen finden sich Darstellungen von Toten als Dionysos-Anhängern mit dem weinlaubgeschmückten *thyrsos* in den Händen. 186 v. Chr., als laut Dekret des römischen Senats die als Gefahr für den Staat betrachteten Bacchanalien verboten wurden, waren die Bacchusanhänger in Etrurien in ähnlicher Weise in Verbänden organisiert, deren Einfluß möglicherweise als staatsgefährdend betrachtet werden konnte. Frühere Inschriften hingegen erwähnen den Rang von Adligen innerhalb dieser Verbände zugleich mit den städtischen Magistraturen, die sie innehatten: „Er war Praetor von Etrurien und Priester; einmal war er Praetor und Priester des Bacchuskults" lautet die Inschrift auf einem Sarkophag aus Tarquinia. Und auf einem andern: „Larth Statlane, Sohn von Vel, starb im Alter von 36 Jahren. Er war Priester der Bacchusanhänger."

Rechts oben: Hochrelief auf einer Tuffsteinurne des frühen 1. Jahrhunderts v. Chr. aus Volterra (Museo Guarnacci, Volterra). Der in einen Mantel gehüllte Verstorbene erscheint einer Frau – vielleicht seiner Gattin –, die auf einer Liege ruht; die Gestalten rechts fliehen erschrocken.

Rechts: Detail des Sarkophags von Laris Pulcena *aus dem frühen 2. Jahrhundert v. Chr. Ein Dämon der Unterwelt* (Charun?) *schwingt seinen die Toten peinigenden Hammer.*

Links: Stuckierte Travertinurne des Arnth Velimna *in der Tomba dei Volumni in Perugia-Palazzone, zweite Hälfte des 2. Jahrhunderts v. Chr. Die gemalte Scheintür in der Mitte des Urnensockels, die den Eingang ins Jenseits symbolisiert, wird von zwei geflügelten Furien oder* Vanth *bewacht.*

Epilog

Das in heutigen populärwissenschaftlichen Darstellungen der etruskischen Kultur oft am ausführlichsten behandelte Problem ist die Frage nach ihrer Herkunft; hier wird sie nur im Kapitel über die Sprache kurz gestreift. Ich bin nämlich der Ansicht, daß die Herkunftsfrage für die Erforschung der etruskischen Kultur in historischer Zeit nur von untergeordneter Bedeutung ist. Sie wurde eigentlich erstmals von den Humanisten aufgeworfen, die beim Studium der Antike und der klassischen Schriftsteller entdeckten, daß diese sich darüber unterschiedlich äußerten.

Der im 5. Jahrhundert v. Chr. lebende Herodot hatte in Ionien gehört, daß die lydischen Tyrrhenoi oder Tyrsenoi kurz vor dem Trojanischen Krieg unter der Führung des Prinzen Tyrsenos (*Historien,* I, 94) ausgewandert seien. Hellanicus, ein Zeitgenosse Herodots, hingegen hielt die Etrusker für Pelasger, ein mythisches griechisches Nomadenvolk aus Thessalien. Nach dem Geschichtsschreiber des 3. Jahrhunderts Antiklides erreichten die Pelasger unter der Führung von Tyrsenos Italien – nachdem sie zuvor die ägäischen Inseln Lemnos und Imbros kolonisiert hatten. Diese Überlieferung taucht in verschiedenen Formen in den Werken anderer antiker Chronisten auf. Ihre Widerlegung findet sich nur bei Dionysios von Halikarnassos, der im frühkaiserlichen Rom lebte (*Römische Geschichte* I, 25–30). Er bezeichnet die Etrusker als autochthones Volk der Italienischen Halbinsel und verwirft die Berichte Herodots und der spätern Autoren.

Diese widersprüchlichen Meinungen sind nicht auf einen gemeinsamen Nenner zu bringen. Bevor die Altertumswissenschaft über archäologische und linguistische Zeugnisse verfügte, konnte man einfach die eine oder die andere als einleuchtender akzeptieren. Die ersten Funde gaben einer dritten Theorie Nahrung, die besagte, daß die Etrusker aus dem Norden eingewandert seien. Sie erfreute sich unter den Archäologen des frühen 20. Jahrhunderts großer Beliebtheit. Die Tendenz, den Aussagewert der archäologischen und der ethnographischen Gegebenheiten gleichzusetzen, führte jedoch in die Irre. Die Korrektur dieser Theorie erreichte 1947 Massimo Pallottino. Nach seiner Meinung ist die „Herkunft" eines Volkes im historischen Sinn unbedingt in den kulturellen Wurzeln zu suchen. Nehmen wir als Beispiel zwei moderne Staaten: Eine präzise Antwort auf die Fragen, woher die Franzosen oder die Briten kamen, ist ein Ding der Unmöglichkeit. Es hat überhaupt keinen Sinn, darüber zu grübeln, ob die Franzosen als Lateiner, Gallier oder Franken einzustufen seien oder ob die Engländer ursprünglich Kelten oder Angel-

Links: Impasto-Urne der frühen Eisenzeit aus Cerveteri (Museo Archeologico, Cerveteri). Diese Urnen sind in gewisser Weise Symbol der egalitären Dorfgemeinschaft vor der Berührung mit der griechischen Welt und mit phönizischen Händlern.

Rechts: Orientalische Fayencevase aus Tarquinia, Ende 8. Jahrhundert v. Chr. (Museo Nazionale, Tarquinia). Diese berühmte Keramik gehört zu den zahlreichen Importgütern, die Etrurien im 7. Jahrhundert erreichten. Sie wurde in einem aus der frühen orientalisierenden Phase stammenden Grab gefunden. Der obere Bildstreifen zeigt Pharao Bokenranf bei einer kultischen Zeremonie. Sein Name erscheint in Hieroglyphen auf der Kartusche. Bokenranf (Bocchoris) herrschte in Sais von 720 bis 715 v. Chr.

sachsen waren. Würden wir mit zweitausend Jahren Abstand die heutige Kultur Englands erforschen wollen, wären kulturelle und gesellschaftliche Einflüsse und Entwicklungen der Zeiten nach der ethnischen Mischung weitaus wichtiger. Und die Sprache spiegelt weniger ihre Ursprünge als diesen Prozeß.

Darin gründet die Bedeutung der Ähnlichkeit zwischen dem Etruskischen und Lemnischen (siehe Seite 74), aber auch die Notwendigkeit, eine allfällige Migration der Etrusker aus Kleinasien in vorgeschichtliche Zeit zu datieren. Einiges Gewicht haben auch ägyptische Quellen, die von Seevölkern sprechen, die das Ägyptische Reich im 13. Jahrhundert v. Chr. angegriffen hatten. Unter nicht zu identifizierenden Namen erscheinen auch *Jqjwš.w* und *Trš'.w* (Turuscia), die nach Ansicht einiger Spezialisten – allerdings nicht unbestritten – die Tyrsenoi oder Tyrrhenier bezeichnen, die mit andern Ostvölkern an dem Angriff teilgenommen haben sollen, der von Pharao Ramses II. abgewehrt wurde.

Letztlich bleibt das Problem der etruskischen Herkunft eine Frage der Interpretation antiker Berichte. Wie schon erwähnt, schreibt ihnen Herodot lydische Herkunft zu, während später die „pelasgische" Theorie hinzukommt und Dionysios von Halikarnassos eine Meinung vertritt, die wohl im Einklang mit der offiziellen Ansicht des kaiserlichen Rom über ethnische Fragen stand. Dionysios billigt denn auch den Etruskern wegen ihrer einheimischen Herkunft keine Ausnahmestellung zu. Im Gegenteil, er betont die Schlüsselrolle der Griechen in der Geschichte der italischen Völker wie in der Entwicklung Roms. Er versucht gar nicht erst, seine Theorie mit Fakten zu begründen; die Stoßrichtung ist, den Etruskern jene edle Herkunft abzusprechen, die die lydischen oder pelasgischen Theorien andeuten und die dieses Volk über die Römer und Latiner schlechthin erhöbe. Deren Ahnen sind übrigens nach Dionysios griechischer Abstammung.

Hier wurde versucht, die mit den Etruskern verbundenen Probleme auf andere Weise anzugehen. Die grundlegende Frage, die die Etruskologie heute beschäftigt, ist jene des geschichtlichen Prozesses, in dem die Kultur der Toskana und Latiums unter dem Einfluß der Griechen umgewandelt wurde, ohne daß ein gewisses Bewußtsein ethnischer Zusammengehörigkeit verlorengegangen wäre. Heutzutage „kolonisiert" die westliche Zivilisation sozusagen alle andern Kulturen in einer Weise, die zur Suche vergleichbarer Abläufe beim Aufeinanderstoßen unterschiedlich entwickelter Gesellschaften in frühern Zeiten geradezu herausfordert und uns zwingt, die Entwicklung der etruskischen Kultur von der eisenzeitlichen Stammesgesellschaft bis zu den spätern Stadtstaaten neu zu überdenken. Es ist der exemplarische Fall einer unterlegenen einheimischen Kultur, die sich einer fremden anpaßte, und zwar insbesondere unter dem Einfluß einer herrschenden Klasse, die die Vorteile griechischer Lebensart begierig aufgriff.

Die archäologischen Zeugnisse belegen diese Wertschätzung griechischer Kultur während der ganzen hier behandelten Epoche, zeigen aber auch, daß die Etrusker den Griechen – nachdem sie deren politisches System übernommen hatten – sehr wohl die Stirn zu bieten wußten und zu einer rivalisierenden Macht heranwuchsen. Damit spielten sie in der Mittelmeerwelt kulturell eigentlich die bedeutendere Rolle als die Römer, die zu Beginn ihres imperialen Expansionismus die etruskische Kultur mit mehr oder weniger offensichtlicher Beteiligung der nun romanisierten herrschenden Klasse Etruriens auslöschten.

Zeittafel

Griechenland

Entstehung der Stadtstaaten und Beginn der Kolonisation Kleinasiens

775 Griechische Handelsstation auf der Insel Ischia

750 Gründung von Cumae

734/33 Gründung von Syrakus

650 Demaratus aus Korinth läßt sich in Tarquinia nieder

540 Caeretaner und Karthager besiegen die Phokäer im Sardischen Meer

504 Aristodemus, Tyrann von Cumae, und die Latiner besiegen einen Sohn Porsennas bei Ariccia

474 Seeschlacht bei Cumae, die syrakusische Flotte besiegt die etruskische Streitmacht

454/53 Feldzüge der Syrakuser gegen die an Mineralienvorkommen reichen Gebiete Etruriens

384 Dionysios aus Syrakus plündert das Heiligtum von Pyrgi

272 Tarent verbündet sich mit Rom

241 Sizilien wird römische Provinz

Etrurien

Proto-Villanova

Niederlassungen im Fioratal, auf dem Tolfagebirge und auf dem Monte Cetona

Entfaltung der vorstädtischen Gemeinden

Villanova

Erste Kontakte mit überseeischen Händlern

Orientalisierende Epoche

(Phönizier, Euböer)

(Korinther)

Lucius Tarquinius in Rom

Städtische Kultur

580 Griechische Handelsstation in Gravisca

Kolonisierung der Emilia und Kampaniens

Porsennas Feldzug nach Rom

Thefarie Velianas ist „Herrscher" von Caere (Cerveteri)

413 Die Etrusker unterstützen die Athener bei der Belagerung von Syrakus

396 Zerstörung von Veji

390 Aufstand der Servi in Arezzo

353 Caere wird *civitas sine suffragio* (eine Stadt ohne Stimmrecht bei den römischen gesetzgebenden Versammlungen)

301 Aufstand in Arezzo
Aufstand in Volsinii, Oinarea und Roselle

264 Zerstörung von Volsinii

248 Zerstörung von Falerii

205 Die Etrusker unterstützen Scipios Flotte gegen Karthago

196 Allgemeine Aufstände in Etrurien

91 Die in Rom lebenden Etrusker widersetzen sich den Landgesetzen und der Erteilung der Bürgerrechte an Italiker

Rom

Grabstätten auf dem Forum

814/13 Gründung Roms (Timaeus)

Niederlassung auf dem Palatin

754/53 Gründung Roms (Varro)

616 Beginn der etruskischen Dynastie

Pflästerung des Forums

Städtische Kultur

578 Reformen von Servius Tullius (Macstrna)

509 Fall der etruskischen Monarchie. Beginn der Republik. Konsuln etruskischer Herkunft in den *Fasten* bis 486 aufgezeichnet
508 Erstes Handelsabkommen zwischen Rom und Karthago

Die Gallier fallen in Italien ein

367/66 Gesetze des Licinius Sestius (die Plebejer erhalten die gleichen Rechte wie die Patrizier)

311, 309, 301, 298, 295, 281 Siege über die Etrusker

280 Sieg über Volsinii und Vulci
Statonia wird Präfektur
Römische Kolonien in Etrurien
278 Cosa
Pyrgi
264 Castrum Novum

247 Alsium
245 Fregenae

183 Saturnia
181 Gravisca

90–88 Bürgerkrieg

Die Italienische Halbinsel ist unter römischer Herrschaft vereinigt

Bibliographie

Banti, L., *Die Welt der Etrusker,* Stuttgart 1960.
Boardman, J., *Greek Gems and Finger Rings,* London 1970.
Boethius, A./Ward Perkins, J. B., *Etruscan and Roman Architecture,* Harmondsworth 1970.
Boitani, F./Cataldi, M./Pasquinucci, M., *Die etruskischen Städte,* Mailand, Freiburg, Basel, Wien 1974.
Bonfante, L., *Etruscan Dress,* Baltimore 1975.
Caratteri dell'ellenismo nelle urne etrusche (Acts of a Colloquium, Siena 1976), Florenz 1977.
Cristofani, M., *Città e campagna nell'Etruria settentrionale,* Arezzo 1976.
Cristofani, M., „Il dono nell'Etruria arcaica", in *La parola del passato,* 30, 1975.
Cristofani, M., *Introduzione allo studio dell'etrusco,* Florenz 1973.
Cristofani, M., „La tomba del Tifone, Cultura e società di Tarquinia in età tardoetrusca", in *Memorie dell'Accademia dei Lincei,* VIII.XIV, 4, 1969.
Cristofani, M., „Origine e diffusione dell'alfabeto etrusco", in *Aufstieg und Niedergang der römischen Welt,* I, 2, Berlin–New York 1972.
Cristofani, M., „Storia dell'arte e acculturazione: le pitture tombali arcaiche di Tarquinia", in *Prospettiva,* 7, 1967.
Cristofani, M., „Strutture insediative e modi di produzione", in *Caratteri dell'ellenismo nelle urne etrusche* (Acts of a Colloquium, Siena 1976), Florenz 1977.
Del Chiaro, M., *Etruscan Red-Figured Vase Painting at Caere,* Berkeley–Los Angeles 1974.
Dennis, G., *Die Städte und Begräbnisplätze Etruriens,* Darmstadt 1973.
Duhn, F., von, *Italische Gräberkunde I–III,* Heidelberg 1924 u. 1939.
Durm, J., *Die Baukunst der Etrusker und Römer,* Stuttgart 1905.
Gröteke, F., *Etruskerland – Geschichte, Kunst, Kultur,* Stuttgart 1973.
Hampe, R./Simon, E., *Griechische Sagen in der frühen etruskischen Kunst,* Mainz 1964.
Helbig, W., *Führer durch die öffentlichen Sammlungen klassischer Altertümer in Rom I–IV,* Tübingen 1963–1972.
Herbig, R./Simon, E., *Götter und Dämonen der Etrusker,* Mainz 1965.
Heß, R., *Das etruskische Italien,* Köln 1973.
Heß, R./Paschinger, E., *Das etruskische Italien,* Köln 1980.
Heurgon, J., *La Vie quotidienne chez les Etrusques,* Paris 1961.
Hus, A., *Les Bronzes étrusques,* Brüssel 1975.
Lawrence, D. H., *Etruscan Places,* London 1932.
Lukan, K., *Land der Etrusker,* Wien–München 1962.
Macnamara, E., *Everyday Life of the Etruscans,* London 1973.
Moretti, M./Maetzke, G./Gasser, M./von Matt, L., *Kunst und Land der Etrusker,* Zürich 1969.
Pallottino, M., *Civiltà artistica etrusco-italica,* Florenz 1971.
Pallottino, M., *Etruscologia,* Mailand 1973.
Pallottino, M., „Le origini di Roma", in *Aufstieg und Niedergang der römischen Welt,* I, 1, Berlin–New York 1972.
Pallottino, M., „Les origines des villes protohistoriques de l'Italie centrale", in *Miedzynarodowy Kongres Archeologii Slovensky,* IV, 1968.
Pallottino, M., *L'origine degli Etruschi,* Rom 1947.
Pallottino, M., u.a., *Il Museo Nazionale di Villa Giulia,* Rom 1980.
Papasogli, G., *L'agricoltura degli Etruschi e dei Romani,* Rom 1942.
Pfiffig, A. J., *Die Ausbreitung des römischen Städtewesens in Etrurien,* Florenz 1966.
Prayon, F., *Frühetruskische Grab- und Hausarchitektur,* Heidelberg 1975.
Rieche, A., *Das antike Italien aus der Luft,* Bergisch-Gladbach 1978.
Rix, H., „Zum Ursprung des römisch-mittelitalischen Gentilnamensystems", in *Aufstieg und Niedergang der römischen Welt,* I, 2, Berlin–New York 1972
Santangelo, M., *Museen und Baudenkmäler etruskischer Kunst,* München 1961.
Scullard, H. H., *The Etruscan Cities and Rome,* London 1967.
Staerman, E. M., *Die Blütezeit der Sklavenwirtschaft in der römischen Republik,* Wiesbaden 1969.
Steingräber, S., *Etrurien – Städte, Heiligtümer, Nekropolen,* München 1981.
Torelli, M., „Beziehungen zwischen Griechen und Etruskern im 5. und 4. Jahrh. v.u.Z.", in *Hellenische Poleis, II,* Berlin 1973.
Weege, F., *Etruskische Malerei,* Halle 1921.
Zazoff, P., *Etruskische Skarabäen,* Mainz 1968.

Register

Kursiv gesetzte Seitenzahlen verweisen auf Bildunterschriften.